왕 슈
건축을
만나다

왕슈 건축을 만나다

초판 1쇄 인쇄일 2014년 4월 23일
초판 1쇄 발행일 2014년 4월 28일

지은이 최인숙, 김현지
펴낸이 양옥매
교 정 조준경
디자인 최수민

펴낸곳 도서출판 책과나무
출판등록 제2012-000376
주소 서울특별시 마포구 월드컵북로 44길 37 천지빌딩 3층
대표전화 02.372.1537 **팩스** 02.372.1538
이메일 booknamu2007@naver.com
홈페이지 www.booknamu.com
ISBN 979-11-85609-21-8 (13980)

이 도서의 국립중앙도서관 출판시도서목록(CIP)은 서지정보유통지원 시스템
홈페이지(http://seoji.nl.go.kr)와 국가자료공동목록시스템
(http://www.nl.go.kr/kolisnet)에서 이용하실 수 있습니다.
(CIP제어번호 : CIP2014010273)

*저작권법에 의해 보호를 받는 저작물이므로 저자와 출판사의 동의 없이 내용의 일부를
 인용하거나 발췌하는 것을 금합니다.
*파손된 책은 구입처에서 교환해 드립니다.

왕 슈
건축을
만나다

글·사진 최인숙 김현지

책나무

추천사

　주중한국문화원에서 중국인들에게 한국어를 가르치는 최인숙 선생님이 〈왕슈 건축을 만나다〉라는 제명의 책을 발간한다면서 추천사를 써 달라기에 처음에는 적잖이 의아했다. 한국어를 가르치는 분이 건축과 무슨 인연이 있어 중국 건축가 왕슈의 건축물에 관한 책을 썼나 싶었기 때문이다.
　그런데 그 이유가 더욱 재미있다. 건축가를 꿈꾸는 딸의 호기심 때문에 덩달아 따라나섰다는 것이다. 문득 이런 이야기가 떠올랐다.
　어떤 부부가 아이들이 어릴 때는 아이들 구경시켜 주고 맛 나는 것 먹이느라 주말에 쉬지도 못하고 놀이공원과 맛집을 다녔는데, 아이들이 다 크고 나니까 주말에 밖에 나갈 일이 없어졌다고 한다. 그때 내가 아이들 때문에 희생한 것이 아니라 아이들이 있었기에 나도 덩달아 좋은 곳을 가게 되었다는 생각이 들더란다.
　딸아이와 함께 따라 중국 곳곳의 왕슈 건축물을 찾아 나선 최인숙 선생님의 마음 또한 이와 크게 다르지 않으리라. 처음에는 딸아이를 사랑하는 모정에 엄마가 희생한다는 마음으로 따라나섰지만, 나중에 시간이 지나면서 내가 딸 덕분에 건축 문화의 묘미에 눈을 뜨고 깊고도 다채로운 중국 곳곳의 문화를 향유하게 되었음을 느꼈을 것이기 때문이다.

　주중한국문화원 원장으로서 나의 역할은 중국인들에게 우리의 문화를 알리는 것이지만, 이보다 궁극적으로는 문화 교류를 통해 양국민의 이해를 돕고 우의를 증진하는 것이다. 그런 측면에서 보면 중국인들에게 한국 문화를 알리는 것도 중요하지만, 한국인들에게 중국을 제대로 알리는 것 또한 매우 중요함을 실감하고 있다. 왜냐하면 많은 한국인들은 중국에 대해 나름 아는 것 같지만 제대로 모르고 있는 부분이 많기 때문이다.

중국과 한국은 지리적으로 이웃해 있고 역사적으로 오랫동안 교류하여 문화적으로 통하는 부분이 많아 문화와 더불어 양국민의 사유 구조 또한 비슷할 것이라고 생각하기 쉽다. 그러나 중국에서 살면서 중국인들을 접해 보면, 중국인들은 서구인들과 마찬가지로 매우 개인적이고도 합리적인 사고를 한다는 것을 알게 된다.

서구인들이 개인주의적인 행동을 하면, "저 사람들은 원래 그렇지." 하면서 인정하고 넘어가면서도, 중국인들이 개인주의적인 행동을 보이면 의아하게 여기거나 오해하기 쉽다. 왜냐하면 중국인들은 같은 동양인이기에 우리와 비슷하다고 생각하기 때문이다.

한국인과 중국인이 진정한 친구가 되기 위해서는 서로가 무엇이 비슷하고 무엇이 다른지를 제대로 이해해야 한다. 그 이해의 바탕 위에서, 서로의 비슷함을 통해서 친밀감을 느끼고, 다름을 통해서 서로 인정하고 존중해야 한다.

그런 점에서 볼 때 이번 최인숙 선생님의 〈왕슈 건축을 만나다〉는 단지 왕슈의 건축물을 소개하는 것에서 그치지 아니하고, 여행 과정에서 중국과 중국인에 관해 느낀 많은 이야기들이 함께 소개되어 우리 국민들이 중국과 중국민을 이해하는 데 큰 도움이 될 것으로 기대된다. 그리고 중국 작가의 건축물에 대한 책이 한국인에 의해 출판된다는 것 자체만으로도, 한중 문화 교류 차원에서 큰 상징적인 의미를 가진다고 하겠다.

이와 같이 〈왕슈 건축을 만나다〉가 한국에서 출판되는 것이 양국민 이해 증진과 양국 문화 교류 활성화 차원에서 큰 의미를 지니기에, 딸과 함께 소중한 책을 발간해 주신 최인숙 선생님께 큰 박수를 보낸다. 부디 이 책이 대한민국에서 많은 사랑을 받아 한중 양국 관계 발전에 또 하나의 디딤돌이 되었으면 한다.

김진곤 주중한국문화원 원장

북경한국국제학교에서는 중국의 문화적 안목을 넓히고 호연지기를 기를 수 있는 다양한 기회를 갖고자 해마다 현장체험학습을 운영하고 있다. 하지만 학생 개개인이 원하는 특정한 테마를 선택하여 집중적인 체험학습을 운영하기에는 한계가 있었다.

'2009 개정 교육과정'에서는 가족과 함께하는 활동 중심의 교육이 강조되고 있는데, 〈왕슈 건축을 만나다〉를 읽어 보면서 모녀간의 따뜻한 사랑을 느낄 수 있었다. 주중한국문화원에서 학생들을 가르치며 시간을 내기란 쉽지 않았을 텐데, '그저 깜빡이다 말지도 모를 꿈'일지라도 지금 딸아이의 소중한 꿈을 위해 시간을 내고 함께해 준 엄마의 지극한 사랑이 돋보인다.

더불어 주변 사람들의 만류에도 불구하고 미래의 통일한국과 세계무대를 바라보는 통찰력과 딸아이에 대한 든든한 지지는 가히 감동적이다. 우리나라에서도 머잖아 프리츠커상을 수상하는 기회를 거머쥘 수 있음을 느낄 수 있었다.

이 책의 출간을 계기로 가족과 함께 다양한 테마 여행을 계획하시는 모든 분들의 귀중한 참고자료가 될 수 있으리라 생각된다.

정용호 북경한국국제학교 교장

PROLOGUE

"현지야,
너는 마음이 따뜻한 건축가가 될 거야!"

어느 날 딸아이의 방을 청소하다가 책상 위에 뒹구는 엽서 한 장을 보니 그렇게 써 있다. 딸아이가 중학교 때, 미술 교생 선생님한테서 받은 엽서였다. 엄마한테는 잘 하지 않는 꿈 이야기를 교생 선생님한테 했나 보다.

먹고 뒹구는 게 일이라 또래들보다 몸집이 큰 딸아이에게 반딧불처럼 깜빡이는 꿈이 있음을 발견했다. 어쩌면 그저 깜빡이다 말지도 모를 꿈이다. 특별히 잘하는 것은 없지만 자잘한 재능들이 주위의 시선을 끄는 아이이다. 이런 딸아이가 결정한 진로가 건축가였다.

나는 언어를 가르치는 교사이고 문학을 좋아한다. 건축에 대해서는 문외한이라는 말도 된다. 하지만 인간의 삶을 언어로 형상화하여 표현하는 예술이 문학이라면, 공간적으로 형상화하여 표현하는 예술이 건축이라고 감히 정의한다. 인간의 삶과 직접적으로 연관된 그 조심스러움과 여러 분야를 아우르는 포괄성과 복잡함으로 인해 건축은 선뜻 선택하기 힘든 학문일지도 모른다.

사실 딸아이가 건축가가 된다고 하니 주위에서 말리는 분위기가 예사롭지 않다. 오지 탐험가도 아니고 집을 설계하는 건축학과를 간다는데 왜 그리들 딸을 고생 길로 내모느냐는 표현까지 하는지 모르겠다. 한국은 더 이상 집 지을 공간이 없다고 한다. 아니, 왜 통일한국을 염두에 두지 않는가. 아니, 왜 세계를 바라보지 못하는가.

　중국의 산수화 이미지를 건물에 담아내는가 하면 지역적 특색을 아름답게 살린 왕슈의 건축들을 둘러보면서, 느낀 바가 참으로 많았다. 한글, 한옥 등 한국적 이미지를 국제화하는 건축 한류의 비전을 딸아이와 나누기도 했다. 통일한국의 밑거름이 될 건축가, 통일한국의 아름다운 강산에 공간을 디자인하는 꿈을 나눴다.

　나는 가르치는 것은 좋아하지만 무대에 서는 것은 좋아하지 않고, 글 쓰는 것은 좋아하지만 남에게 보이기 위해 글쓰는 것은 그다지 좋아하지 않는다. 베이징에 온 이래로 볼펜 가는 대로 쓴 글이 크고 작은 노트로 여덟 권이지만, 이렇게 에세이를 내놓기는 처음이다. 이번 여행도 내가 처음부터 에세이 출판을 계획하고 여행을 했던 것은 아니다. 고등학생이 되고 부쩍 진로 때문에 고민하는 딸아이가 꿈을 이어가는 데 힘이 되었으면 하는 생각에 첫 번째 건축 테마여행을 했고, 거기서 기대 이상의 감동과 보람을 얻자 두 번째 건축 테마여행을 서슴없이 다녀왔다. 여행 후 한 컷 한 컷 소중하게 찍은 작품 이미지를 정리하고, 서로의 감동을 교환하자는 의미에서 쓴 글들을 밑에 보태고, 기왕이면 작품에 담긴 왕슈 선생님의 생각도, 작품 세계도 찾아보자며 자료를 정리해서 옮기니, 우리도 모르게 에세이 한 권이 되었다. 작가인 지인에게 보여 주니 출간을 권유한다. 남편이 지원해 줄 테니 출간하란다. 이 책의 출간이 딸아이의 꿈을 이루는 데 힘이 되었으면 좋겠고, 혹 그렇게 되지 못하더라도, 우리는 다 인생을 건축하는 건축가 아닌가! 무엇보다, 학교생활에 바쁘고 지쳤던 시기, 엄마와 배낭 매고 일상에서 탈출하여 닝보, 항저우, 상해, 쑤저우, 난징을 휘젓고 다니며 모녀의 추억 만들기에 성공했으니, 그보다 더 큰 성과가 어디 있으랴!

중국이 급부상하고 있다는 표현은 이미 사용한 지 오래다. 그 중국이 이제는 건축계의 노벨상이라 할 프리츠커상 수상자를 배출하여, 또 다른 관심을 모은다. 이 책이 중국문화에 관심 있는 분들 특히, 건축가의 꿈이 반딧불처럼 깜빡이는 내 딸아이 같은 청소년들이 부담 없이 훑어볼 수 있는 책이 되었으면 한다.

이 책의 구성은 첫 번째 여행에서 만난 작품들과 두 번째 여행에서 만난 작품들로 나누어져 있다. 첫 번째 여행의 행선지는 닝보와 항저우로,

왕슈의 작품들이 집중적으로 분포되어 있는 곳이다. 닝보에는 닝보 박물관, 닝보 미술관, 화마오 미술관, 오산방이 있고, 항저우에는 중산로 옛거리 보호 및 갱신의 모습, 남송어가 박물관, 중국 미술학원 썅산 캠퍼스, 전강시대 아파트 등이 있다.

　두 번째 여행의 행선지는 상해, 쑤저우, 난징으로, 상해에는 2010년 엑스포 때 지은 닝보 텅터우 파빌리온이 있고, 쑤저우에는 쑤저우 대학교 원정학원 도서관, 난징에는 라오산 국립 삼림 공원 안에 산허자이가 있고, 화차오 빌딩도 있다.

　첫 번째 여행 때 만난 작품들은 왕슈가 건축가로서의 자기의 위치를 굳히게 된, 성숙한 시기의 작품들이라면, 두 번째 여행에서 만난 작품들은 비교적 초창기의 작품들이다. 행선지마다 만난 작품들에 대한 정보와 작가의 생각, 우리가 느낀 감동 등을 풍부한 이미지와 함께 실었다.

　사실 두 번째 여행을 다녀오니 세 번째 여행에도 욕심이 생겼다. 세 번째 여행지로 떠나고 싶었던 곳은 둥관(광둥성), 진화(저장성), 하이닝(저장성) 등이다. 둥관이공대학 음악무용교학관, 세라믹 하우스, 청소년센터 등이 있지만, 여러 가지 사정이 허락하지 않아 훗날로 미루게 되어 아쉽다.

'책은 나무가 되고, 나무는 책이 된다'라는 모토가 마음에 와 닿아 '책과 나무' 출판사의 문을 두드리게 되었는데, 양옥매 실장님께서 졸저의 출판을 흔쾌히 허락하신 데 대해 심심한 감사를 드린다. 바쁜 직장생활 중에도 짬을 내어 현지에서 목적지까지 안내해 주기도 하고, 과분할 정도로 융숭히 대접해 준 분들이 있다. 항저우에 있는 제자 오지에 양과, 상해의 진영걸, 황림화 교수 부부, 난징의 판용후이, 장빙 부부에게 감사하다. 무엇보다도 남편과 아들 요셉이의 아낌없는 지지와 격려가 없었더라면 에세이 출간의 용기를 낼 수 없었을 것이다. 고맙고 또 고맙다.

딸, 사위, 손자, 손녀를 낯선 땅에 보내시고 늘 마음 졸이시며 기도의 끈을 놓지 않으시는 어머니 아버지께 이 책을 드린다.

2014년 1월
향산 산자락에서 대표저자 최인숙

추천사 004
PROLOGUE 008

1부
첫 번째
여행을 떠나며

01 닝보에서

· 소박함이 이뤄낸 웅장함, 닝보 박물관
· 호수 위에 두둥실 언덕 위에 오뚝, 오산방
· 절제된 아름다움, 닝보 미술관
· 작은 건물 안에서 세계를 보다, 화마오 미술관

022

02 항저우에서

· 과거와 현재의 오버랩, 중산로 옛거리
· 흑기와 아래 흥목들의 향연, 남송어가 박물관
· 왕슈 건축 양식의 총동원, 중국 미술학원 쌍산 캠퍼스
· 흐늘흐늘 재즈 추는 아파트, 전강시대 아파트

078

2부
두 번째
여행을 떠나며

01 상해에서

· 재활용 기와벽돌과 대나무 벽의 앙상블,
  상해엑스포 닝보 텅터우 파빌리온

148

02 쑤저우에서

· 산수와 원림이 한곳에,
  쑤저우대학 원정학원 도서관

164

03 난징에서

· 건축과 공간의 연속성의 체현, 산허자이
· 왕슈의 학창시절 자취를 찾아서,
  화차오 빌딩

180

EPILOGUE   206

1부
첫 번째 여행을 떠나며

아! 닝보 박물관!
왕슈에게 프리츠커상 수상의 영예를 안겨준
결정적 수작이라 해도 과언이 아닐 대작이 달리는 택시 안으로
그 자태를 드러내는데, 지금이 21세기이고 우리가
박물관을 찾아온 것이 맞나 싶을 정도로, 박물관이라기보다는
차라리 난공불락의 검붉은 성곽이었다.

13년째 중국에 살면서 가족과 함께 중국의 이곳저곳을 많이도 돌아다녔지만, 이렇게 건축을 테마로 모녀만 훌쩍 과감하게 여행을 시도하기는 처음이다. 모녀 여행의 첫번째 행선지는 닝보, 그 다음은 항저우, 바로 건축계의 노벨상이라 할 수 있는 프리츠커상을 수상한 왕슈의 작품이 집중되어 있는 곳이다. 닝보에는 닝보 박물관, 닝보 미술관, 화마오 미술관, 오산방이 있고, 항저우에는 중산로 옛거리 보호 및 갱신의 모습, 남송어가 박물관, 중국 미술학원 썅산 캠퍼스, 전강시대 아파트 등이 있다.

　우리가 중국에 살고 있고 왕슈가 중국인 건축가라는 것 외에는 그와 우리가 아무 관계도 없으면서, 우리는 마치 우리 아는 옆집 아저씨가 그 큰 상을 타기라도 한 양 기쁘고 반갑게 그의 수상 소식을 들었다. 그리고 중국에 있는 동안 그의 작품을 돌아보는 것이 그저 큰 기회 정도인 것이 아닌, 아예 무슨 특권이라도 되는 양 놓치지 않으려고 이렇게 작정하고 나오게 된 것이다.

　강의하러 나가는 것만 빼면, 집에 들어 앉아 뭉그적대기를 좋아하는 나를 이렇게 밖으로 몰아낸 동력은 중국 이곳저곳을 여행하는 동안 딸아이의 가슴속에 새록새록 자라난 건축에 대한 호기심과 장래 건축가로서의 꿈이다. 이사를 할 때마다 아빠 뒤를 졸졸 따라다니며 우리가 살 아파트를 고르는 데 한몫 해야만 하는 아이, 때로는 회사에서 받는 주택보조금을 웃도는 안목으로 아빠 콧등에 땀이 맺히게도 했지만 그래도 적절한 가격을 고를 때가 더 많은, 속 깊은 내 딸아이가 사랑스럽다.

　딸아이의 진로를 위해서 건축에 문외한인 내가 해 줄 수 있는 것은 관련 도서들을 사주고 건축을 찾아 함께 돌아다니며 사진을 찍어 주는 정도이리라. 그리고 함께 읽고, 대화하고, 돌아다니다 보니 어느새 엄마에게도 건축에 관심이 생겼다.

　학교라는 울타리와 교과서 안에서는 딸아이의 직업에 대한 비전과 탐색에는 한계가 있다고 생각한 나는 중추절 휴일을 이용해서 닝보와 항저우에 펼쳐진 2012년 프리츠커 수상자의 작품을 한번 만나 보기로 했다. 그리고 그 잊지 못할 인상과 감흥들을 함께 기록으로 남기기로 했다. 처음이자 마지막일지 모를……

　안개가 낀 중추절 이른 아침, 베이징 남(南)역에서 닝보로 향하는 까오티에에 딸아이를 데리고 몸을 실었다. 닝보 역까지는 6시간 49분이면 도착한다. 까오티에 덕분에 그 긴 여행길이, 버스를 타고 베이징 시내를 한 바퀴 도는 것보다 빨리 편하게 갈 수 있게 되었는데도, 처음으로 남편 없이, 혼자도 아닌 딸내미의 가이드가 되어 떠나는 여행이 걱정 반, 설렘 반이다. 딸아이는 귀에 이어폰을 끼고 음악을 들으면서 눈을 지그시 감고 있는데, 그 모습이 얼마나 편안해 보이는지 '아빠 못지 않은 여행가이드로서의 엄마를 믿어 주는가 보네' 생각하니 기분이 괜찮다.

나는 〈왕슈 건축지도〉란 소책자를 꺼내 들었다. 이 책은 작년 가을, 딸아이에게 선물한 것인데 왕슈 건축에 대한 핵심적인 정보들이 사진과 함께 실려 있어, '이번 여행에 최소한의 가이드 노릇이라도 해 줄 수 있겠지' 생각하며 트렁크에 찔러 넣었다.

한족인 왕슈(王澍, 1963)는 신장 위그르 자치구 우루무치에서 태어났다. 프리츠커상 수상 이후에는 어릴 적 벽에 그렸던 그림들이 남아 있는 우루무치 주택 일대가 관광 코스가 되었다고 한다. 퉁소 불기를 좋아하고 서예와 산수화에도 능한 그는 목공예를 좋아하는 바이올리니스트인 아버지에게서 예술적 감각을, 베이징에서 문학 교사로 일하는 어머니에게서 인문학적 기질을 이어받았다.

왕슈는 시안에서 고등학교까지의 학창 시절을 보냈다. 어머니를 만나기 위해 수천 킬로미터가 넘는 우루무치와 베이징을 오가며 접한 중국의 자연과 전통은 그를 프리츠커 수상자로 만든 건축철학과 영감이 되었을 것이다.

대학시절 그는 갈급한 심정으로 〈칸트와 헤겔〉을 읽고, 중국의 고대 경전을 독파했다. 중국과 서양 고전의 병독으로 문화충돌을 경험한 그는 점점 중국전통문화에 흠뻑 빠진다. 난징 공학원에서 건축을 공부했지만, 그는 '부딪히고 배우는 수업 현장'에 과감히 뛰어든다. 학교에서 배운 현대건축 말고 중국 본토와 전통에 뿌리를 둔 건축을 배우기 위함이었다. 그는 목수들과 담배를 피우고 어울리며 살아 있는 건축을 배웠다. 전통과 재료를 중시하는 그의 건축 철학은 이때 굳혀졌다.

건축가인 아내와는 캠퍼스 커플이다. 왕슈는 크고 부리부리한 동북 사람처럼 생겼고, 그에 반해 아내 루원위는 유약하고 야무진 스타일이다. 함께 항저우에서 '아마추어 건축 스튜디오(业余建筑工作室)'라는 건축설계사무소를 꾸리고 있는데, 굳이 '아마추어'라고 지은 이유는 왕슈 자신이 건축가이기 전에 문인이며, 건축은 아마추어 활동으로서 하는 것이기 때문이라고 한다.

상해에서 교수직 제의가 있었지만 중국의 전통과 역사를 바탕으로 한 자신만의 건축방식을 고수하기에, 서구화된 상해보다는 항저우에 남기를 자처했고, 중국 미술학원 건축예술학원 원장으로 재직하며 후진 양성에 힘쓰고 있다.

01
닝보에서

소박함이 이뤄낸 웅장함 닝보 박물관(2003-2008)

 닝보는 춘추전국시대 월국 은읍의 땅이었으며 당송시대 이후에는 밍저우라고 불렸던 곳으로, 일본·한국·아라비아·동남아시아와의 무역 중심지요, 과거 해상 실크로드의 기점이었던 곳이다. 특히 명나라에 이르러서는 감합 무역선의 기착항이 되었고, 왜구의 출몰이 잦아 방위기지를 두기도 했다. 선박왕인 바오위강과 둥하오윈도 닝보 출신이다.
 닝보 박물관은 인저우구(区) 정부청사 옆, 인저우공원 근처에 위치해 있다. 60묘의 토지 위에 2.5억 위안을 투자해서 지어졌으며 총 건물 면적이 자그마치 3만㎡에 이른다. 닝보시 정부와 인저우 구 정부가 공동으로 건축했으며, 둥씨 홍콩자선기금회와 리다샨 류콩아이쥐 등의 기구와 닝보시 시민권을 가진 인사들의 모금으로 지어졌다. 닝보시는 닝보 박물관의 신향토주의 풍격이 사람들의 각별한 주의를 끌

것이며, 닝보시 미래 문화유산화를 위한 건축물과 문화경관이 될 것이라 기대하고 있다.

  반수면 상태에서 까오티에로 5시간을 달리다 보니 어느새 닝보 역에 도착했다. 인터넷으로 미리 예약해 둔 진장즈씽 호텔은 닝보 역에서 택시로 10분 정도 걸리는 거리에 있었다. 우리는 가방을 내려놓기가 무섭게 호텔을 나와 택시를 잡아타고 닝보 박물관으로 향했다. 단지 폐관 시간이 가까워 오는 이유 때문만이 아닌, 외신이 극찬한 닝보 박물관, 사진으로만 본 닝보 박물관의 실물을 보러 간다는 것이 마치 텔레비전으로만 본 아이돌 그룹을 만나러 공연장으로 가는 소녀

01 난공불락의 성곽 같은 닝보 박물관의 외관

01 닝보 박물관 진입구. 통로 자체가 기나긴 물길이었다.

1부 첫 번째 여행을 떠나며

01 〈만학송풍도(万壑松风图)〉
02 진입구에서 찍은 외부 경관.
  가히 과거와 현재의 시공이 넘나드는 통로요, 경계선이라 할 수 있겠다.

처럼 가슴이 벅차다고 딸아이가 말했다.

아! 닝보 박물관! 왕슈에게 프리츠커상 수상의 영예를 안겨준 결정적 수작이라 해도 과언이 아닐 대작이 달리는 택시 안으로 그 자태를 드러내는데, 지금이 21세기이고 우리가 박물관을 찾아온 것이 맞나 싶을 정도로, 박물관이라기보다는 차라리 난공불락의 검붉은 성곽이었다. 광활한 닝보 시가지 벌판 위에 우람하게 치솟은 모습이 어찌 보면 성곽, 어찌 보면 망망대해에 둥실 떠 있는 함선 같이 펼쳐졌다. 입이 딱 벌어지는 충격 그 자체의 대작이었다. 닝보의 7,000년 검푸른 역사의 물결이 면면히 도도하게 흐르는 것을 보았다.

본디 산수화를 즐기던 왕슈는 송대 리탕(1066-1150)의 산수화 〈만학송풍도(万壑松风图)〉의 이미지를 닝보 박물관에 실었다고 한다. 왕슈의 닝보 박물관을 잘 이해하고 감상하기 위해서 중국 사이트 '바이두'에 들어가 〈만학풍속도〉를 검색하여 보았다.

〈만학풍속도〉는 중국 강남의 계곡에서 무럭무럭 올라오는 운무와, 바람이 불 때 소나무 숲이 만들어 내는 파도 같은 소리, 산꼭대기의 작은 돌무덤의 중첩과 깊은 골짜기 맑은 샘의 용솟음, 그리고 시냇가 깊은 그늘의 무성함을 그리고 있다. 구불구불한 산마루를 낀 빽빽한 소나무 숲, '丰 (豊의 간자체)'자 형태의 소나무는 바람을 따라 흔들흔들 늘어지고, 마치 보는 이로 하여금 이따금씩 촉촉하고도 서늘한 바람이 얼굴을 스치는 느낌을 받게 한다. 산골짜기에 고여 빙글빙글 돌고 도는 운무는 느릿느릿 피어오른다. 산 폭포 아래 물방아, 계

01 닝보 박물관으로 향하는 진입 마당 디테일. 색감도 질감도 소리도 황량함 그 자체다.
02 천장이 낮고 긴 물길을 끼고 있는 진입구. 타임머신을 탄 듯 쭉 빨려 들어가면서 한 장 찰칵 했다.
03 역사관 입구. 대나무물결 벽과 테마 벽이 잘 어울리며 장중한 멋을 더한다.

곡 위에 걸쳐진 나무다리. 이 무릉도원에 밥짓는 연기와 난롯불이 솔솔 피어오른다.

리탕의 구도는 여타의 산수화와는 조금 다르다. 전경을 보여 주면서도 주 봉우리가 도드라지지 않으며, 주변을 감싸고 있는 소나무 숲이 봉우리 꼭대기들을 하나로 모아 준다. 近(근), 中(중), 遠(원)의 공간의 등차는 자연스럽고 제격이다. 그림 전체가 차분하고 소박하며, 비옥하면서도 우아함을 잃지 않으며, 자연의 정취가 넘쳐난다. 비탈진 언덕은 옅은 먹물로 긴 입체감을 자아낸다. 다시 메마른 먹과 낡은 붓으로 점점이 찍은 이끼는 침울하고도 깨끗하며 웅장한 운을 더한다.

우리는 무수한 돌들이 깔린 진입마당을 한 발 한 발 디디며 출구를 향해 다가갔다. 진입 마당을 밟는 느낌이 황량하다. 길고도 오랜 실크로드의 여정을 지나는 상인들처럼 비틀거리게 된다.

닝보 박물관은 국가 규정에 의해 무료로 개방한다. 무료개방이긴 하지만 참관 질서 유지와 문물의 안전한 보존을 위해 매일 3,000장의 입장권을 배포한다. 우리는 그 3,000장의 무료 입장권 수혜자 중 두 사람이 되어 박물관 입구를 통과했다. 박물관 입구는 기나긴 물길을 옆에 끼고 지나도록 해 놓은 것이 특징적이다. 물길을 통과하여 박물관 내부로 들어서는 기분이 마치 타임머신을 타고 과거에서 현재로 날아든 것처럼 묘하다. 그런데 갑자기 천장까지 통쾌하게 뚫린 엄청난 높이와 크기의 로비가 눈앞에 펼쳐졌다. 깜짝 쇼라 해도 이렇게 사람을 놀라게 할 수 있을까! 가뜩이나 놀라 어안이 벙벙한데, 역동적으로 뻗어나간 박물관의 동선이 시선을 붙들고 이리저리 끌고 다니며

01

01 닝보 박물관의 측면
02 어마어마한 규모의 닝보 박물관 로비. 사진 한 장에 다 담지 못해 아쉽다.
03 닝보 박물관 실내 계단. 계단을 오르고 있는데, 난간 옆으로 노란 용이 꿈틀대며 나타난다.

놓지를 않는다. 박물관의 거침없이 이어지는 동선에 정신 없이 황홀하다. 내부 공간이 그렇게 크고 넓은데도 어디 한 곳 허투루 놔 두는 공간 없이 전시장과 휴식 공간이 꼼꼼히 자리하고 있다. 1층에는 특별전시관, 2층은 역사관인 동방신주(东方神舟), 3층은 죽각관(竹刻馆)인 명청죽각예술(明清竹刻艺术) 전시관과 민속관인 아라라오닝보관(阿拉老宁波馆)이 자리 잡고 있다.

외부에서 받은 그 검붉은 웅장함의 충격으로 아직까지 머리가 얼떨떨한데, 내부에서 만난 닝보 박물관의 또 다른 모습에 다시 압도당하여 어찌할 바를 모를 지경이다. 다가가서 찬찬히 살피니 장인들이 대나무 표면을 사용하여 일일이 찍어낸 듯한 콘크리트 회벽에 불과한데, 멀리서 보면 그렇게 거대하게 출렁거릴 수가 없다. 벽, 난간, 가는 곳마다 온통 회색 빛 줄무늬가 가득한 것이, 항구도시 닝보의 바닷물결을 주제로 한 것은 아닐까 나름 상상해 본다.

01-02 닝보 박물관의 뻥 뚫린 천장과 동선.
03 닝보 박물관 외벽과 불규칙하게 뚫린 창문의 환상적인 조화.

중국 전통의 대나무 거푸집을 거꾸로 만들어 수많은 벽에 전통적인 질감을 표현한 것이라고 한다. 아무튼 회색 콘크리트 벽이 표현하는 완벽한 예술성을 몸소 체험하는 순간이었다. 이러한 전통적 건축 기법인 수작업을 할 수 있는 것은 중국이 상대적으로 노동임금이 저렴하기 때문이고, 왕슈는 중국의 이러한 기회와 시기를 적절히 활용하여 대작을 만들었다.

다시 밖으로 나와 박물관의 외관을 감상하기로 했다. 성곽처럼 웅장하게, 함선처럼 늠름하게 한복판에 솟은 박물관 벽을 에워 싼 재료의 실체는 낡디 낡고, 크고 작은 돌들이었다. 매우 소박하고 친근하다. 재활용한 벽돌이나 기와를 쓰는 왕슈 특유의 소재도 곳곳에서 전혀 촌스럽지 않게 어우러져 빛을 발하고 있다. 이 무수한 벽돌들이 모두 폐허가 된 마을에서 나와 프리츠커상 수상작으로 새롭게 태어났다니, 그저 기적처럼 느껴진다. 박물관 자체가 재활용의 전시물이요, 일단 짓고부터 보고, 함부로 허물어 버리는 시대를 향한 경고의 메시

지인 셈이다. 그 소박한 재료들로 이루어진 박물관 벽을 멀리서 찍으니 시골에서 모아다 쓴 구지레한 티가 전혀 안 난다. 오히려 세련되고 아름답고 도시적이다. 더욱 신기한 것은 완전히 멀리서는 성곽처럼 웅장해 보인다는 것이다. 소박함에서 세련됨으로, 세련됨에서 웅장함으로 이어지는 닝보 박물관의 모습에 마법에 걸린 것 같다.

왕슈가 나고 자란 우르무치는 몽골어로 '아름다운 목장'이란 뜻이며, 과거 실크로드의 여정 중 잠시 머무는 곳이었다. 톈산 산맥의 두 번째 높은 봉우리인 보거다펑 아래로 위치한 톈산 톈츠 연못과, 드넓은 남산목장이 아름다운 곳이다. 왕슈가 이따금 찾아가 퉁소를 연주하기도 했을, 아름답고 광활한 고향에 대한 그리움과 애착은 은연 중

01 인저우공원 안에서 본 닝보 박물관의 윤곽.
가운데 난 도로 위로 102번 버스가 지나고 있는데, 닝보 박물관으로 오는 유일한 시내 버스이다.
02 닝보 박물관 외벽 디테일. 재활용한 벽돌들의 크기가 일치치 않지만 꼼꼼한 장인의 솜씨로 잘 쌓았다.

에 그의 작품세계에 반영되었을 것이다.

닝보 박물관은 단지 건축재료만 갖다 사용하는 '풍토 건축'을 뛰어넘어 중국인의 민족성까지 고스란히 담아낸 '지역 건축'의 꽃임에 틀림이 없다. 지난 가을, 왕슈는 한국을 방문했을 때 가진 모 일보와의 기자회견에서 "제 건축을 보면 천 년 전 수묵화가 생각난다고들 하시는데, 지역성이란 때로는 시공을 초월하는 예술적 견해로 하루 종일 이야기해도 모자랄 주제"라며 "어쨌든 학생들을 가르치면서 어디선가 모방한 작품을 내면 0점을 줄 만큼 역사적이고 창의적인 건축은 중요한 것"이라고 밝히기도 했다.

맹목적으로 서구 문화 속 건축을 모방하기에 급급한 시대다. 왕슈의 닝보 박물관은 장소가 지닌 문화와 역사를 품은 건축물이 족히 세계적일 수 있다는 것을 넉넉히 보여 주고 있었다.

닝보 박물관에서 현지의 소감

　　닝보 박물관은 여행을 떠나고서 도착한 첫 번째 목적지이기도 하다. 처음 닝보 박물관을 봤을 때 나는 그 웅장함에 놀란 나머지 무의식 중에 벌린 입을 다물 수가 없었다. 그 건물의 기본 소재는 벽돌이었다. 가까이에서 봤을 때 그 조그마한 벽돌들 속에 담겨 있는 소박함이 나를 웃음 짓게 만들었고, 멀리서 봤을 때에는 그 소박함이 모여서 이루어 낸 웅장함에 감탄했다. 오랜 세월 중국에서 살면서 많은 건축물을 봐 왔지만 그 여느 건축물보다도 닝보 박물관이 나에게 강렬한 인상을 남겨 준 이유는 그 재료의 소박함과 구성의 웅장함의 대비가 이루어 낸 절묘한 조화 때문이다.

호수 위에 두둥실, 언덕 위에 오똑 오산방(2003-2006)

닝보 박물관의 건너편 인저우 공원 안에 있는 오산방은 '다섯 개의 흩어진 방(五散房;Five Scattered Houses)'이라는 뜻이다. 오산방이 지어지던 시기 인저우 공원은 아직 완성되지 않은 상태였다. 그리고 왕슈는 이 작품에 대한 취재를 일절 사절했고 담론해 본 적이 없었기에, 이 작은 다섯 개의 방은 그저 '오산방'이라 불릴 뿐 외부에 알려지지 않았다.

2004년 1월, 왕슈는 닝보시 인저우구 정부의 투자건설기구의 위탁을 받아들여 당시 건설 중에 있는 인저우 중심 밍저우 공원(현 인저우 공원)에 다섯 개의 작은 건축을 설계하기로 했다. 최종적으로 건축사가 제의한 설계 목표가 인식의 일치를 달성한 것이다. 즉, 닝보의 지역적 특징을 담아낸 건축, 기후와 물과 흙 및 재료에 순응하는 일종의 인공과 자연이 공존할 수 있는 설계, 그러나 피차 차별화되어 분산된 집합체요, 합리적인 기술과 수단, 지방특색의 건축법과 재료를 응용하며,

효과적으로 건축비용을 조절하고, 사치스러운 장식과 재료를 마구잡이로 사용하지 않는다는 건축 목표이다.

인저우 공원은 부지 면적이 25.7hm²이며, 전형적인 중국 강남의 야트막한 언덕 지대이다. 언덕 중앙에는 호수가 있다. 물론 항저우 서호와는 비교도 안 될 만큼의 작은 크기지만, 보는 눈에 따라서는 엄청 커 보일 수도 있겠는데 내 눈이 바로 그렇다. 우리는 오산방을 찾느라 호수 주위를 빙 돌았는데 다리가 무척 뻐근했다. 다 합쳐야 2,000㎡밖에 안 되는 오산방은 왕슈에게 있어서 한 차례의 실험적인 작은 작품들이다. 갤러리와 두 동의 찻집, 커피숍, 관리사무동 등 다섯 동의 각기 다른 건축 유형과 건조법으로 만들어졌다. 왕슈는 오산방을 설계할 당시 세 가지를 고려했다고 한다. 첫째, 어떻게 해야 중국 풍격을 지닌 모던한 건축물이 나올 것인가? 둘째, 어떻게 해야 건축 그 자체와 장소, 환경에 국한되지 않는 특별한 조화를 이룰 것인가? 셋째, 제각기 다른 건조법과 건축 유형 및 기술, 강철과 유리를 사용하는 등 중국 전통의 건조방법 등의 체험이다.

왕슈가 쌍산 캠퍼스 2기 공정에 착수하기 전에 실험적으로 건축한 오산방은 사실상 향후 중국 미술학원 쌍산 캠퍼스에 대량으로 복제된 건축 형식의 5종 모티브이다. 왕슈는 대규모 항목을 시작하기 전에 여러 소규모 실험을 하는 건축 습관이 있는데, 오산방에서 그의 건축언어가 한층 더 풍부하게 되었고 건축기술도 점점 성숙해졌다. 특히 이 기간 중 이미 '기와벽' 시공기술을 마스터했으며 '기와벽'에 대한 사용법에 대해서도 더욱 능수능란해졌다. 인저우 공원 안에서 그 몇 개의 방의 스케일과 배치는 상당히 편안한 느낌을 준다.

01 오산방 중 갤러리. 기와를 이용해서 연출한 세 개의 곡선이 도드라진다.
풀숲과 잘 어우러지는 오산방 갤러리의 모습.

01 갤러리의 뒤쪽 벽면의 모습. 채광을 위한 처마 밑 긴 공간이 도드라진다.
02 오산방 찻집의 외벽과 나무 난간. 창문이 불규칙적으로 개방되어 있다. 흰색, 녹색, 나무색, 회색이 조화롭다.

    오산방 중 갤러리와 관리사무동은 비탈진 언덕 위에 오뚝하니 자리 잡고 있고, 찻집 두 개와 커피숍은 호수 위에 두둥실 떠 있다. 갤러리는 '일파삼절(One wave and three twists)' 즉 세 개의 곡선의 파도이다. 건물 면적 600㎡ 크기의 갤러리 1층 실내에는 소형 예술품들이 전시되어 있고, 실외 장소는 조소와 분재 전시 용도로 사용된다.

    까오티에 안에서 열심히 읽은 〈왕슈 건축지도〉를 보면, 왕슈는 오산방 중 갤러리를 이렇게 소개한다.

    "갤러리 건축 재료에서 처음으로 우리는 옛 재료를 회수하여, 순환 건조하는 방법을 실현했다. 이런 건축 기법은 사실상 또한 닝보의 민간에서 온 것이다."

    인저우 공원 입구에서 멀지 않은 갤러리는 세 개의 곡선으로 이루어진 파도 형태의 지붕이 자연적으로 시선을 사로잡는다. 처마 밑 공간은 전형적인 중국 강남 기후의 건축 특징을 지니고 있으며, 건물 앞

뒤로 자갈이 깔려 있어 야외 분재의 전시 장소로 활용할 수 있게 했다. 중국 특유의 지역적 문화에 현대 건축을 실현한 것이다.

오산방 갤러리 역시 왕슈 특유의 건축 소재인 재활용 벽돌과 기와로 이루어져 있었다. 가까이에서는 친근함과 소박함이 느껴지고 멀리서는 세련미와 우아함이 느껴졌다. 세상에 기와와 벽돌이 이렇게 사이좋게 어우러질 수 있다니……. 그 안에는 정말 길바닥에 아무렇게나 널브러져 차이고 밟힐 것 같은 평편한 돌들도 끼어 있고, 무슨 돌인지 알 수 없는 돌들도 있다. 어떤 것은 두껍고 어떤 것은 얇다. 무늬가 있는가 하면 없는 것도 있다. 어떤 것은 멀쩡하고 어떤 것은 좀 모자라게 생겼다. 문양이 조각된 것, 그저 민숭민숭한 것. 얼핏 봐도 오래된 집을 허물 때 나온 잔해들이다. 그런데 어떻게 그리 결속력 있게 한 벽을 만들 수 있는지, 어쩌면 그렇게 아름다운지 건축가의 창조적인 지혜와 발상이 놀랍다. 건축가는 마술사다! 벽면을 유심히 보니 개성이 각각이고 능력이 각각인 사람들이 모여 사는 하나의 세상 같다. 각기 다른 개성과 능력을 가진 우리가 사는 세상도 이렇게 한데 잘 어울려서 하나의 작품을 만들어 낼 수 있으면 하는 바람이다.

갤러리를 떠나 좀 더 호수 쪽으로 나가 보니, 자연 속에 편안히 안겨 있는 찻집의 모습이 자태를 드러낸다. '파영(Broken shape)', 즉 부서진 그림자 형상의 찻집은 400㎡ 면적의 凹형 구조이다.

어마어마하게 큰 호수를 빙 돌아 찻집 뒤쪽으로 가 보니, 빽빽한 대나무 숲을 양측에 낀 오솔길이 나 있다. 하늘을 찌를 듯한 대나무 숲 속도 시원하고 운치 있지만, 한도 끝도 없이 계속되는 대울타리가 특징적이다. 대나무 숲이 뿜어내는 음이온을 온몸에 흠뻑 받으며 숲길을

01 찻집으로 향하는 오솔길. 끝없는 대울타리.
하늘을 찌를 듯한 대나무 숲 속이 시원하고 운치 있다.

걷는 동안, 혈액이 맑아지고 저항력도 증가하는 기분이었다.

스삭스삭 댓잎 사이로 부는 바람소리를 감상하며 한참을 걷다 보니 찻집이 등장했다. 찻집의 구조는 안이 훤히 들여다보일 뿐만 아니라 안에서도 차를 마시면서 외부 풍경을 자유롭게 시선이 닿는 대로 감상할 수 있도록 한 것 같다. 안팎을 다각형으로 뚫은 것은 왕슈가 내부와 외부세계를 넘나드는 의식의 흐름과 각기 다른 도형의 윤곽을 통한 경관을 체험해 보도록 한 것이 아닐까? 아니면 왕슈가 무엇을 형상화한 것일까 궁금해서 한참 들여다보며 상상했다. 굳이 찻집으로 들어가 보지 않아도 내가 찻집에 있고, 찻집에서도 나를 알아보고 있는 듯한 소통이 계속되는 순간이었다. 찻집은 '합원(合院)' 형태를 채택하여, 6m 높이의 정원에 3m 높이의 내화벽돌 대를 둘렀다. 큰 나무 두 그루를 심어서, 나무 그림자가 바람에 나부낄 때마다 각기 다른 건축 기법과 건축 유형을 맛볼 수 있다. 조립형 콘크리트 전통 건축 기법을 사용했다. 우리는 곧 또 다른 찻집 하나를 찾아 길을 나섰다. 이리저리 호수를 돌다 보니 다리가 좀 뻐근하다. 호숫가에 앉아 쉬다가 닝보 주민처럼 보이는 옆 사람에게 물어 보니, 우리가 앉아 있는 호숫가 건너편 건물이 찻집이라고 가르쳐 주었다.

호수 건너편에서 찻집2의 모습을 바라봤을 때 먼저 본 찻집1처럼 수면 위에 두둥실 떠 있다는 것 외에는 무덤덤했다. 찻집2의 외부는 철근과 유리로 건조되었다. 균일하게 부분으로 나뉜 조립으로 벽면이 형성된 후 지붕은 직접 부어 넣는 방법으로 마감되었다. 일명 '다진 흙 차실'의 찻집2는 다져 바른 것 같은 황토벽이 특징적이다. 마당에 곡절이 있다. 입구가 있는 남쪽 면에는 작은 연못이 있고, 작은 다리를 쭉

01 오산방 갤러리의 외벽 디테일. 낡은 기와와 벽돌들이 사이좋게 어울리고 있다. 왕슈의 '기와벽' 첫 실험작.
02 찻집의 원경. 하늘, 구름, 나무, 물, 자연의 품 속에 안겨 튀지 않는 모습이다.
03 2013년 추석, 인저우 공원 앞에 떠오른 보름달이 가로등 끝에 콕 찍혔다. 7000년 동안 닝보를 지켜온 파수꾼이다.

지나도록 되어 있으며, 닝보 전통 민간에서 가져다 쓴 건축 기법인 벽돌이 소재가 된 본관이 포인트를 주고 있다. 일명 '태호방'이라 하며 태호석 형태의 방이란 뜻인데, '태호석'은 장쑤성 타이후에서 나는 돌로 구멍과 주름이 많아 정원 장식이나 석가산 제작에 많이 쓰인다. 왕슈의 소 건물 패턴이다. 창문이 불규칙적으로 나 있다.

딸아이가 보트를 타고 찻집 앞을 한 번 지나가 보자고 하는데, 해도 뉘엿뉘엿 지고 택시 잡기가 곤란해질까 봐 그리 하지 못했다.

커피숍은 전체가 마치 한 장의 기와 같은 곡선이 이어져 있다. 기둥에 미미하게 경사가 져 있고, 건축 설계와 현장의 상호융합을 체현하고 있다. 콘크리트를 주입하여 전체가 채색되어 말라붙은 돌담을 연출한다.

그 외 오산방 관리사무동은 평평한 지붕 위 육면체 건축을 패턴으로, 방에서 호수를 볼 수 있게 했다. 정면에 노출 콘크리트 격자(Grating)를 응용하여 전통건축의 새로운 사유를 보여 주었다. 지형의 기복을 따르기도 하고, 건축 자체에 기복을 넣기도 하여, 전체적으로 구불구불한 이미지를 연출하는 관리사무동은 그 자체가 낡은 벽돌의 재활용임을 말해 준다.

01

요즘 장인들이 전통적인 기법을 잊어서 건축 시공 전, 설계자가 직접 지휘하는 가운데, 재료와 구조에 대한 실험적 건축 시험을 실시했다. 이는 당시 설계 중인 중국 미술학원 쌍산 캠퍼스 남(南)2기를 위한 패턴 및 공예미 시험 목적이기도 했다.

딸아이가 여성통을 호소하며 자주 벤치에 걸터앉곤 하는 바람에, 여행 내내 끼고 다녔던 〈왕슈 건축지도〉에서도 소개를 생략한 커피숍과 관리사무동 등은 제대로 살펴보지 않은 채 조금은 아쉬운 발걸음으로 인저우 공원을 나와야 했다. 호텔로 돌아가는 택시 안에서 정리

01 오산방 찻집2의 원경1.
수면 위에 두둥실 떠다니는 직육면체형 배처럼 보인다.
중앙부는 '태호방(太湖房)' 시리즈의 첫 작품이다.
02 오산방 찻집2의 원경2. 멀리서 볼수록 작품의 진가가 더욱 잘 드러난다.
혼자서 튀지 않으며, 현대화된 주변 환경과도, 하늘, 물, 나무 등 자연과도 잘 어우러진 모습이다.

02

01

02

03

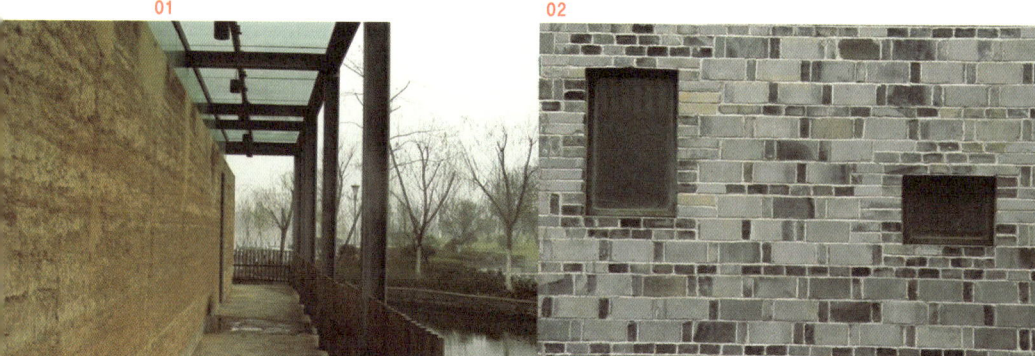

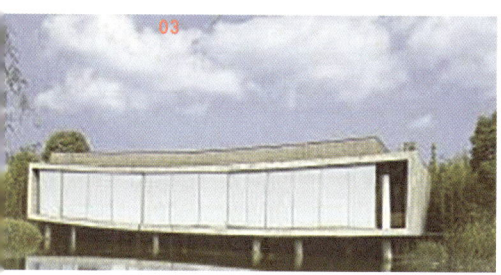

01 오산방 찻집2의 남쪽 면 (출처:바이두)
02 오산방 찻집2 태호방의 전벽
03 오산방 커피숍 원경
04 오산방 관리사무동 전면의 우측
05 오산방 관리사무동 전경 (출처:바이두)

04

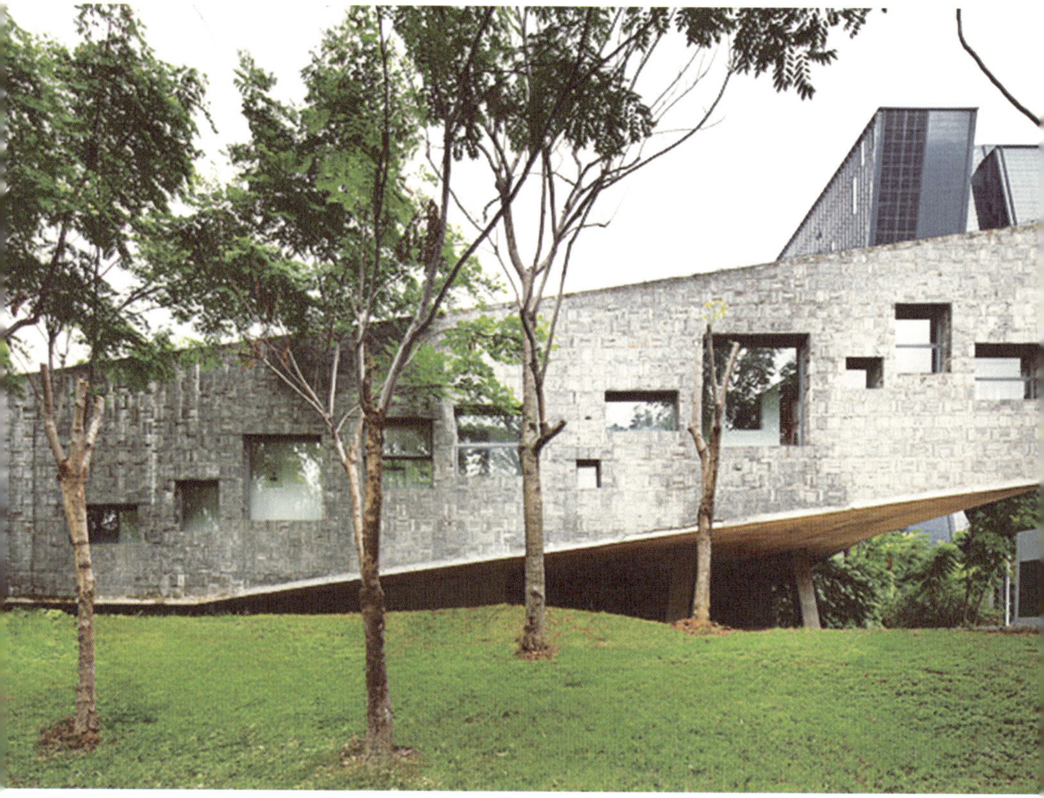

해 본 오산방 갤러리는 갤러리 나름대로, 찻집은 찻집 나름대로, 자기의 용도와 기능을 살린 재료들과 외관으로 어마어마한 크기의 호수 위에 두둥실 떠 있기도 하고, 낮은 언덕 위에 오뚝 솟은 듯 연출된 기법이 인상적이다. 그러나 오산방을 대하기 전, 닝보 박물관이 준 감동과 충격이 워낙 컸던 탓일까? 그 거대함의 압도에서 아직 헤어나지 못한 탓일까? 오산방이 왕슈의 작품이라는 정보 없이 대했다면 과연 어떤 감상을 얻었을까 생각할 만큼 어느 순간에는 평범하고 무덤덤하기도 했다. 하지만 동행했던 딸아이의 감상은 나와 사뭇 다르다.

오산방에서
현지의소감

　오산방이 있는 인저우 공원 이곳 저곳을 다니면서 '아, 나도 나중에 옆에 넓은 호수가 있는 저택에서 살고 싶다' 하는 느낌을 받았다. 공원 안에 있는 오산방 역시 소재들이 소박했다. 이 소박함들로 이루어진 오산방의 멋스러움이 나는 너무 좋았다. 엄마는 닝보 박물관의 웅장함에 감탄사를 연발하시는데, 나는 돌아가면 잔잔한 호수를 배경으로 소박하고 단아하게 자리 잡고 있는 오산방이 가장 그리울 것 같다. 내가 사는 베이징, 아니, 한국에서도 이런 구도의 건축물을 찾을 수 있을까? 왕슈의 건축물 소재는 벽돌과 기와가 대부분이지만, 풍기는 그 느낌은 절대 단조롭지 않고 다양하다. 그의 건축 기법은 이런 점에서 배울 것이 많다고 생각한다. 인저우 공원을 떠나기 전, 마지막으로 제일 마음에 드는 오산방 갤러리 창공을 향하여 건축가가 되는 비장한 결심의 주먹을 날렸다.

절제된 아름다움 닝보 미술관(2001-2005)

호텔에서 택시로 20분 정도 가니, 항구 도시에 걸맞은 위치에 닝보 미술관이 자리 잡고 있었다. 닝보 미술관은 기존 항구시설의 이전으로 전체가 다른 기능으로 재건축됨에 따라 역사적인 건물을 보호하기 위한 작업이 필요하게 되었는데, 왕슈의 참여로 현대미술관으로 재탄생하게 되었다.

중국 정부는 노후 항만 시설을 재개발하면서 역사적인 건물을 보존하기로 했다. 낡은 건물을 닝보 미술관으로 바꾸기 위해 정부는 360억 원을 준비했다. 일단 많이 투자해야 제대로, 크게 지을 수 있다는 통념과 전통적인 가치관이 작용해서 나온 금액이다. 100여 년 운항 역사를 지닌 닝보 페리 부두가 현재의 닝보 미술관이다.

2003년 왕슈에 의해 시행된 디자인 개조 프로젝트가 닝보의 새 경관이 되었다. 그는 원래의 해운 사옥의 내부 공간의 골격을 그대로 유지하면서, 미술관 운영에 따른 필요를 결합시켜 전체 구조에 새로운 프로젝트를 시행한 것이다. 이로써 원래의 해운 사옥의 공간 구조가 살아났다. 다시 말해, 그 장소를 지날 때마다 생각나는 사옥이 지닌 옛 기억을 그대로 유지한 것이다. 미술관의 건축 면적은 2.31만㎡, 부지면적 1.58만㎡이다. 그 규모가 베이징 중국 미술관에 버금간다.

닝보 미술관의 외벽은 내화벽돌, 목재, 강철로 구성되어 있고, 곧 출항할 한 척의 배처럼 생긴 것이, 차분하고도 안정적인 느낌에 검박하면서도 신비감을 더한다. 개관 이래 매일 평균 200여 명의 방문객이 미술관을 방문하고 있다. 크고 작은 전시실 11개가 1,600여㎡나

01 나무 벽을 두른 닝보 미술관의 전경.

01 바다와 접한 미술관 후면. 역시 미술관 출입구에서 뻗어 나온 다리를 전망대처럼 띄어 놓은 희한한 광경이 펼쳐진다. 오른쪽 옆이 선착장이다.

01 육중한 문에 비해 고리는 앙증맞게 달아 스케일의 대비를 이룬다. 여닫기 위한 것이 아니라, 문이기 때문에 단 듯 보인다. 그 육중함을 사진에 다 살려내지 못해 아쉽다.
02 높은 천장, 벽과 바닥이 아직 마무리가 덜 된 듯한 느낌이 들기도 하지만, 은은하고 고풍스럽다.
03 닝보 미술관 후면 맞은편 선착장. 100여 년 전 닝보인들이 봇짐을 지고 왁자지껄 대며 배에 올랐을 광경을 상상해 본다.
04 미술관 내부 전시실. 화려한 장식이나 디자인을 통제했다. 혹자는 미술관 외부를 보고 기대하며 내부로 들어왔다가 실망감이 들기도 한다는데, 배경이 수수하니까 전시된 작품들이 더 가치를 발휘한다고 표현하면 어떨까? 작품을 감상하다가 잠시 휴식을 취했다.

되며 세미나실과 다용도실, 예술가 창작실, 예술 자료실, 예술 살롱, 연수센터, 화랑 등이 있다. 수집과 소장 보관, 진열과 전람, 학술연구, 대외교류, 예술창작의 복합성 미술관이다.

　삼강 문화 장랑 건설의 중요한 팀워크 항목으로서 닝보 미술관은 중국뿐만 아닌 국제적으로도 흔치 않게 부둣가를 낀 강변 미술관이다. 총 투자 금액 1.2억 위안을 들인 닝보 미술관은 현대화 고품격의 조형 예술 박물관이다. 동시에 항구 특색과 현대적인 분위기를 지녔을 뿐만 아니라, 중국풍의 공공건축이다.

　닝보 항운빌딩 사옥을 개조한 닝보 미술관은 길이 4m, 높이 1m의 붉은 전대 위에 지어졌다. 닝보 미술관의 목재 모형은 옛 항운 빌딩 건물보다도 더 항운 건물에 가깝다. 즉 부두를 갈아 버린 것이 아닌 그 기능을 강화시킨 것이다. 왕슈가 볼 때, 부두는 항구 도시 닝보에 있어서 가장 활력 넘치는 장소이며, 도시생활의 연속성을 체현하고 있었다.

　닝보 미술관의 전신은 닝보항 여객운송 부두의 대합실이다. 미술관은 높고 기다란 철근 기둥과 전통 나무벽을 두르고 있었으며, 두 개

01 와이탄을 향해 찍은 닝모 미술관의 한 모퉁이.

의 출구로 이어지는 기다란 다리가 인상 깊다.

전시장의 천장은 3층에 가까울 만큼 높아 보인다. 이 정도 높이라면 어떤 크기의 작품도 전시할 수 있겠다. 실용성을 살리고자 한 설계자의 의도를 짐작할 수 있다. 벽과 천장은 장식과 도안이 더 필요한 느낌에 덜 정리된 느낌마저 들었다. 그러나 어두운 듯 고풍스러운 분위기가 은은한 가운데 작품들을 감상하는 재미도 괜찮았다.

건축적으로 작품성과 완성도가 떨어져 보일 수도 있겠지만, 작품을 전시해야 하는 사용자 편에서는 굉장히 편할 것 같다. 공간이 넓적넓적하고 높아서 어떤 규모의 작품도 전시가 가능하며, 그림을 걸

01 출구로 이어지는 다리에서.

만한 장소로도 적합하고 충분한 벽면이다. 공간이 분산되지 않고 정돈적이다. 미술관에 있는 내내 차분하게 그림을 감상할 수 있었던 것 같다. 전시 공간의 주인은 그림이다. 배경이 약해야 그림이 산다. 주객이 전도되어 전시관 본래의 기능을 죽일 염려가 없다.

왕슈는 지난 2001년 닝보 미술관을 설계하기 시작하여, 훼손이 심한 건물을 철거한 뒤 2005년 9월에야 공사를 마무리했다. 원래 있던 건물의 주요 건축 자재를 그대로 활용하여 예산은 1.2억 위안을 썼다. 비용을 크게 아끼면서도 전통을 잃지 않는 미술관을 만들어 낸 것이다.

그의 선택은 미술관에 화려한 인테리어나 디자인을 가급적 생략하는 것이었다. 예술은 꾸미고 매달아야 한다는 나의 얄팍한 예술관에 일침을 가한다. 있는 그대로를 잘 살리면서 주위 환경에 어울리는 건물을 짓자! 그것이 왕슈의 소신이요, 그의 건축 철학이다.

공중에 띄운, 미술관 출입구에 이르는 다리를 통과할 때는 별 생각이 없었는데, 미술관 뒤편을 가 보니 뒤에도 비슷한 모양의 다리가 두 개나 튀어나와 있었다. 너무도 위풍당당하게 쭉 뻗어 나와 있는 모습이 재미있다.

옆은 와이탄 선착장으로 유람선과 보트들이 즐비한 모습이다. 와이탄 위에 떠 있는 배들 중 하나처럼 보이는 효과를 위해 닝보 미술관 앞뒤로 노 두 쌍을 달아 선박처럼 디자인한 것 같았다. 이를 발견한 우리는 어떻게든 미술관을 내려다보고 찍을 수 없을까 하여 사방을 두리번거렸으나, 그럴 만한 고층 건물이 눈에 들어오지 않았다. 아쉬웠다.

프리츠커상 심사위원장은 왕슈의 작품을 이렇게 평했다.

"왕슈의 작업은 지역의 맥락에 깊이 뿌리 내리면서도 보편성을 띠는, 시간을 초월하는 건축이다. 전통이냐 미래냐 하는 논쟁을 이미 초월했다."

닝보 미술관을 도감하자면 외관은 동선과 결합이 지극히 간단한 직육면체형 상자이다. 이처럼 좋은 데가 없어서 말할 필요도 없는 결합에 다시 예술적 분위기를 만들어 입혀, 독특하면서도 극히 실용적 가치를 지닌 미술관을 짓는다는 것은 사실상 쉬운 일이 아니다. 폐기돼 버린 거대하고 오래된 건물에 건축가 왕슈가 자기의 예술공간을 파내어 발굴한 것이다.

왕슈는 말한다.

"외부의 나무 벽과 철근 기둥은 색조가 단순하면서도 그 배치가 탁월하다. 보는 이의 시각에 충격과 범상치 않은 느낌을 가져다준다. 전체 건물의 규모는 전혀 알아맞힐 수 없는 가운데 엄청나게 증대한다. 광선의 삽입은 단조로움을 타파하는 하나의 중요한 요소다. 또한 각기 다른 재질들이 현존하면서 서로 협조하는 하나의 수단이다. 깔끔한 동선, 간략한 색조, 빛의 참여, 그림자의 투영, 사람의 미미함…… 이 모든 것이 보는 이를 말 못할 신비감에 빠져들게 한다."

현대 건축의 핵심은 일종의 조소적 사유 방식이며, 닝보 미술관은 공간과 장소의 사고, 즉 후기 모더니즘의 의미가 두드러진다.

미술관이 완공된 2005년 10월은 건축가로서의 왕슈에게 있어서 두 번째로 맞는 영광의 날이었다. 2006년 왕슈가 회고한 닝보 미술관 작업 과정의 일부분을 여기에 실어 본다.

"나는 갑자기 의식하게 되었다. 내가 직면한 것은 단순히 '내 주위에 없는 미술관'이 아니라 '몇 장의 백지'였다. 마치 다시 시작해야 하는 도면 스케치

01 전시관에서는 6.25 한국전쟁 정전 60주년 기념 순회전이 열리고 있었다. 오성홍기가 바탕을 이룬 본 작품에는 한국 아낙네가 아기를 업고 피난을 가고 있고, 'USA' 표시가 역력한 탱크가 아녀자를 위협하고 있으며, 탱크 밑에는 전쟁으로 인한 참혹한 잔해가 깔려 있다. 화가의 역사의식이 고스란히 담긴 그림이다. 속에서 불덩이 같은 것이 솟구치고 눈물이 핑 도는 순간이었다. 통일 역사를 창조하여 더 큰 한국을 이루고, 세계속에 우뚝 설 날이 언제나 올 것인가? 정전 '停战'이 아닌 종전 '终战' 기념 행사를 둘러 볼 날을 기대해 본다.

02 한글이 눈길을 끌어서 보니 '삼천리강산'은 분명히 한반도를 일컫는 말인데, 배경 앞에 또렷한 인물은 중국인민군이다. 6.25한국전쟁(중국에서는 '항미원조전쟁 抗美援朝战争'이라고 한다.)에 참전한 중국인민지원군을 기리는 작품임을 알 수 있다. 중국의 유명한 소설가이자 수필가인 양슈어(1913-1968)가 쓴 〈삼천리강산〉이라는 중편소설이 있는데, 6.25 한국전쟁에 참전한 중국 철도 노동자를 소재로 하고 있다.

처럼 나는 반드시 나를 위한 새로운 건축학을 찾아내야 했다. 아무래도 5년 이전으로 돌이킬 수 없었다. 나는 발견했다. 나와 내가 지은 미술관은 하나의 수수께끼가 되었으며 내가 써 내려 갈 수 있는 바는 단지 '곤혹'이라는 두 글자일 뿐임을. 사실상 '곤혹'이란 존재하는 이의 '곤혹' 바로 내가 그동안 집을 지으면서 유지하고자 한 것이며, 그 집들의 사용자들로 하여금 누리게 하려는 것이었다.

2001년 10월 어느 날부터 닝보 미술관 현장에 몇 번이나 왔던가? 50번인지 100번인지 정확히 기억이 나지 않는다. 1970년대 말에 지어진 항운 사옥은 내버려진 지 이미 오래였지만 나는 처음 그 건물에서 받았던 느낌이야말로 진정한 느낌이라고 생각한다. 그날 현장에는 쉬장(당시 중국 미술학원 원장) 그리고 나를 포함하여, 네 사람이 있었는데 격정과 희열이 공기 중에 충만했다. 그 방대한 건축물이 소리 없이, 융장과 강변에 서 있는 우리를 감시하는 느낌이었다. 바람이 많이 불었던 그날, 열띤 대화가 오갔다. 그것은 상해나 불타산에 분향하러 가기 위해 승선을 기다리는 모든 사람들에게 너무 많은 상상과 기억을 불러일으켰다. 쒸장은 녹슬어 버린 철근 부둣가 위에서, 수첩 한 장을 찢어 당시의 시 지도부에 친필로 편지를 썼다. 이 버려진 항운 사옥을 개조하여 미술관으로 만드는 것은 의심할 여지도 없이 마땅한 해결책임을, 그리고 부두에 있는 모든 것을 원래의 형태로 보존하는 것이 얼마나 중요한 일인지를 진술했다.

나는 바람 속에 서 있었고 모든 사람들의 몸이 변하고 있었다. 그 건물은 실존하는 세계 가운데 있는 하나의 실체였다. 그 외관은 틀에 박힌 기호의 조합에 불과하나 그것은 거기서, 정확하게 읽어 낼 줄 아는 사람이 와서 자기를 읽어 주기를 기다리고, 또 기다리고 있었고, 이로부터 '장소'와 '사건'이란 것이 다시 살아나게 되는 것이다.

자기가 처음 받은 느낌에 충실하다는 것은 매우 중요하다. 그것을 디자인한다는 것은 아주 위험한 일이기도 하지만, 건축가는 자기를 드러내는 것을

01 양산루 사거리 앞에서 찍은 닝보 미술관의 원경.

너무 중시한 나머지 '존재하는 사물'에 뭔가를 가미하는 걸 참지 못한다. 이 과정을 설계하는 것 또한 위험하다. 너무나 많은 건축가들이 기술적 해결의 함정에 빠진다. 그래서 처음 지녔던 느낌을 완전히 상실해 버린다. 이 낡은 항운 사옥은 강변에 놓인 104m 길이, 18m 높이의 간단한 직육면체형이고 내부 또한 간단하다. 하나의 로비, 두 개의 높고 큰 대합실, 부속 사무실, 두 개의 네모진 내부 홀, 두 개의 콘크리트 잔교(栈桥, 부두에서 선박에 걸쳐 놓아 화물을 싣고 부리거나 선객이 오르내리게 된 다리) 등이 철거를 기다리고 있었다. 그뿐이었다.

하지만 그것은 이미 허다한 닝보인들의 기억 속에 자리 잡고 있다. 내 기억 속에만 있는 게 아니다. 사실 그것은 이미 좋은 건물이 될 수 있는 잠재력을 지니고 있었다. 그것은 간단하지만 중요한 원칙을 견뎌 냈다. 하지만 그것을 살려 내기 위해선 여전히 재미있는 상상의 공간이 있어야 한다. 더욱이 중요한 것은 그것이 '원래 존재하던 대로의 상태'가 되어야 한다는 것이다. 그것은 도시와 강줄기가 지니는 방향성이 반드시 그리고 세세하게 유지되어야 한다고 토로한다.

매번 나의 건설 기획은 모두 개인적인 기억으로부터 입수한다. 당연히 기억 속에서 찾아낸 것을 조합하는 과정이 필요하다. 이러한 작업은 내가 '집'이라는 것을 어떻게 이해하고 있는지에 의해 결정된다. '집이 처한 세계'에 대한 이해, '건축에 대한 호감 또는 악감'에 의해 결정되기도 한다. 어떤 건물이 유지되어야 하는지 토론을 하는 것은 바로 어떤 사물이 먼저 배제되어야 하는지 토론하고 있는 것과 같은 맥락이다. 내가 먼저 배제하는 것은 미학, 즉 건축이론논저와 미학논저 중에 써 있는 미학이라는 것이다.

이론적으로 출발하면 나는 금방, 기능과 형식의 케케묵은 문제에 빠져 재미없어진다. 내가 흥미 있는 분야는 '특정 사건'이다. 처음 현장에서 사람들이 느끼는 '격동'은 아마도 미학적인 '격동'이 아니리라. 재미있는 것은, 건물이 이미 헐려 버리고, 심지어 도시에 의해 잠시 내버려질 때, 그것이 지닌 본연의 의미는 더욱 드러난다는 것이다. 나는 거기서 사람들의 총총거리는 발걸음 소리와 공장의 뚝딱 소리를 듣는다. 한때 일종의 상징적 의미를 표현한 적이 있었던 장소가 그 본연의 모습을 회복했다. 많은 이들이 지나다니며 배를 탔던 장소가 마치 무슨 선박을 건조하는 곳처럼 탈바꿈했다. 소란스럽고, 여기저기 자재들이 쌓인 모습도 보여, 산뜻하지는 않지만 근육 활동의 힘으로 충만하다. 이것이 바로 미술관이 선택한 곳이다.

중국에는 아직 진정한 의미의 미술관이 없다고 할 수 있다. 예술 박물관들은 많다. 예술 박물관과 미술관의 차이는, 예술 박물관이 진열하는 것은 '경전'이요, 이미 지나가 버린 것들이다. 하지만 미술관에 있는 예술은 현재 그 자리에서 빛을 발한다. 예술 활동이 있는 그 시각에 빛을 발한다. 그래서 그 안에는 화강암과 대리석을 찾아볼 수 없으며 마치 공장 같다. 발생 중에 있는 '사건'은 영생 불멸하는 것이다. 진정한 미술관의 전시홀은 현장 제조가 허락되어야 한다. 심지어는 그 전시 준비를 위한 면적이 전람을 위한 면적보다도 커야 한다.

한 가지 더 주시해야 할 것은 '역사'이다. 닝보인은 이 지역을 '라오와이탄'이라 부른다. 식민지 풍격과 민가 풍격이 뒤섞인 집들이 허다하다. 이런 곳에 미술관을 짓자면 '역사'에 대한 토론이 불가피하다. 이러한 토론의 주제는 흔히 '양식'에 집중되어 있다. 결론은 항상 풍격의 '전체'와 '일치'이다. 사실 건축가, 특히 중국의 건축가는 항상 '역사' 때문에 스트레스에 시달린다. 젊은 건축가는 답답해지고, 즐겁지 않다. 심지어는 자주 분노한다. 결국 자기의 설계가 현대 조류를 좇은 것임을 증명하려고 진을 뺀다. 건축가가 성장하며 점차 생기를 잃고, 결국 자기의 모든 행위는 전통 계승 상에 있음을 증명하려 한다. 현대적 행위 역시 현대성의 한 가지임을 맹렬히 비판한다.

내가 직면하고 있는 것은 '현재'이다. 하나의 사물이 하나의 세계 중 '있는 그대로의 모습'이어야 한다는 것이다. 나는 이미 기억할 수 없을 정도로 여러 차례 회의를 통해 내가 생각하는 '좋은 도시'란 반드시 시간적 구성과 병존 혼합된 역사관임을 진술해 왔다. 다행히도 닝보시가 나의 관점을 받아들였다. 유구한 역사와 사건이 한 사람의 자아와 직면할 때는 모두 처음 현장에 있던 그 시점에 고정되어 변하지 않는다. 도시로부터 버림 받은 건물은 이처럼 고독하다. 그때 내 마음속에 떠올려진 것은 내가 말한 '인문적 경험'이며, 이것은 '몇 권의 책을 읽었는가'와는 아무 상관이 없다.

나는 도시의 이런저런 이름없는 건물들을 뜨겁게 사랑한다. 나는 너무 강한 개인적 표현 욕구를 띤 설계를 혐오한다. 너무 강한 개인적 표현 욕구는 과도한 설치가 예상되게 마련인데, 이래서 어떻게 일종의 '세계'의 건축이 진정으로 일상생활 중에 반영될 수 있을 것인가? 사실 역사적이든 현대적이든 집을 짓는 사람이 직면하는 것은 단지 벽돌, 기와, 진흙, 철재와 목재요, 문, 창, 벽, 기둥이며, 이것들은 단지 평범하기 그지없는 재료들일 뿐이다.

내 작업은 이런 평범한 재료들을 편성하고 조직하여 하나의 '세계'를 이루며, 어떤 특수한 사건을 암시하는 데에 무게를 싣는다. 그것이 아직 확정되지 않아서, 심지어는 여전히 명확한 의미를 지니지 않아서, 또는 그것을 어떤 평범한 사건이라 부르며, 우리는 하나의 장소, 그곳에 나타날 가능성 있는 어떤 사람을 다시 생생하게 살아나게 하는 것이다. 이것이 바로 내가 옛 해운 사옥의 내부를 개조하지 않은 이유이다.

시공이 시작되고 새롭게 바꾸는 데에 따르는 대가가 너무 큼을 발견했다.

01 콘크리트 바닥과 철근기둥, 나무벽이 색체적, 질감적 대비를 이룬 닝보 미술관 앞쪽 복도. 서로 다른 소재를 유연하게 결합시키는 것은 왕슈 건축이 지닌 묘미이다. 난간에 기대어 외부의 풍광을 마음껏 감상할 수 있게 했다. 왼쪽으로 닝보 미술관 본관의 나무색과 명도 대비를 보이는 별관과 아치형 포치, 그 앞으로 길게 뻗은 진입교의 이미지가 눈에 띈다.

01 중국작가 서예 추천 행사가 열리고 있는 닝보 미술관 로비. 미술관 외벽을 두르고 있는 나무가 무대 배경을 이루고 있다. 배경을 바라보면, 마음이 안정되고 기분이 좋아졌다. 02 닝보 미술관 진입교 앞에 새워진 오브제. 단조로운 색조, 직선과 평면 구성의 닝보 미술관 전면에 대비된 곡선과 입체감, 화려함과 정교함을 선보인다.

    본래 건물과 서로 닮은 조립식 구조는 현행 국가 지진 대비 규범에 부응하기 힘들었다. 나는 변함없이 견지했다. 옛 나무 구조를 복원하듯이 재건축하기를 견지했다. 항운 사옥과 관련 있는 특정 공간구조가 일단 변경되었다. 많은 사람들의 추억이 이로부터 사라지겠지만, 내가 하고자 하는 바는 여기서 끝나는 것이 아니다.

    내가 직면한 사람들은 그들뿐만이 아니다. 여기서 암시하는 것은 더 광활한 범위와 시간을 뛰어넘는다. 하나의 '세계'의 건설이 언급하는 내용은 필시 상당히 광범위한 것이다. 이 임무는 얼핏 보기에 엄숙한 느낌마저 든다. 그러나 내가 좋아하는 세계는 잠잠하고 고요한 세계, 그 안에 예기치 못할 환락과 희열이 담겨 있어야 한다. 이것은 일종의 건축적인 자유로운 스타일을 사용하여, 삶이 이루어질 곳, 바로 그런 장소를 요구한다. 거기엔 함께할 수 없을 것 같아 보이는 것들도 함께한다. 계급의 차이가 없고, 유형의 차이만 있을 뿐이다. 어떻게 반드시 필요한 반향, 반드시 필요한 언어로 그것을 건조하는가 하는 것이 어려운 일이다. 하지만 생각이 너무 많으면 이런 작업은 시작할 수 없게 마련이다.

    나는 안다. 많은 사람들이 조만간 알게 되리라고. 생활 중의 사건은 몇 개의 간단한 사실에 국한된다. 적합한 형태 역시 몇 개의 형식에 국한된다. 예를 들어, 내가 작업할 때 '2'라는 숫자가 자주 출현했다. 두 면의 흙벽을 다져

본 경험이 있다. 세 가지 다른 방법으로 벽돌담을 쌓아 본 경험도 있다. 그 안에는 작은 관념들만 존재한다. 그러나 모두 일종의 기쁘고 경쾌한 생활 세계의 건설에 대한 것이다. 그와는 반대로 닝보 미술관이 나의 일련의 작업 가운데 특수한 상황에 해당하는 것은 하나의 단일한 건축으로서 지니는 2.4만㎡의 방대함에 있었다. 나는 작은 건물을 편애한다. 낮은 등급의, 권리 없는 익명의 건물을 말이다. 조건이 허락한다면 이 2.4만㎡의 방대한 건물을 10개의 작은 건물의 집합으로 분해할 것이다.

그러나 이미 존재하는 물건을 대하면 전략도 반드시 바꾸기 마련이다. 나는 상상한다. 그것은 하나의 비밀이요, 한 개의 단일한 주체 중 차별화된 사건 장소의 집합을 포함하면서, 겉모습은 약간의 암시를 할 뿐이라는 것을……. 공간의 중심과 가장자리, 안과 밖, 높고 낮음, 개방과 폐쇄, 목적이 없는 유람, 행동과 완전한 정지, 경중, 통과하는 것과 갑작스런 중단. 한 번 흘끗 어둠에서 밝음 또는 밝음에서 어둠으로, 우연한 실체의 실감, 공간의 공허함, 순수한 재료의 느낌.

이처럼 내가 편애하는 주제 외에도, 나는 이 건물의 내부 구조에 더 큰 공을 들이리라고 결심한다. 만일 그 건물의 외관이 이미 사람들에게 일종의 강렬한 기대를 주고 있다면, 진정한 흥분과 감동은 내부에서 그를 기다리고 있어야 한다. 그가 이미 그러한 흥분과 감동을 겪었다면 거기에 빠져서 스스로 헤어나올 수 없을 것이다. 갑자기 그는 외부에서 폭로할 것이며, 한 줄기 강을 면하고 폭로할 것이다. 여기서 포함하고 있는 사건과 질서의 경과는 자연적으로 하나의 세계의 조직과 분열, 편성과 배치 그리고 새로운 집결이다. 건축의 기본 평면과 공간 구성은 동선의 조직과 상응하는 공간의 체험이다. 심지어는 어떤 크기의 문으로든, 문은 경첩이든 편축(Offset axis)이든 달아야 하는데, 어떤 감촉의 손잡이든 모두 이미 가슴으로 알게 된다."

닝보 미술관에서
현지의 소감

　여행 다니는 동안 입장료를 한 번도 안 냈다는 게 정말 기분이 좋았다. 베이징은 어디를 가든 다 입장료를 낸다. 하지만, 프리츠커상을 받은 건축가의 작품이요, 미술관임에도 불구하고 입장료를 안 내고 들어갈 수 있었다는 게 다소 어색하기도 했다.

　닝보 미술관은 웅장했다. 닝보 박물관 같은 웅장함이 아닌, 미술관다운 웅장함을 지녔다. 닝보 미술관에 오기 전에 봤던 닝보 박물관의 주 소재가 '돌'이었다면, 닝보 미술관의 주 소재는 '나무'다. 닝보 미술관은 거대한 나무상자 같다. 거대한 나무상자 안에 들어가 보니 안도 상자처럼 어둠침침했지만 작품 하나하나는 빛이 났다.

'삼천리 강산'이라 써 있는 수묵화도 봤지만, 6·25 한국전쟁을 형상화한 작품이 기억에서 잊히지 않는다. 어둡고 슬픈 역사를 닝보 미술관에 걸린 그림이 담고 있었다. 눈물이 나올 것 같았다. 시대가 많이 변하고 한국과 중국이 친구가 된 지 오래다. 그리고 나와 엄마가 닝보 미술관을 방문하고 역사의 한 점을 찍었다. 앞으로는 한국과 중국이 만들어내는 밝고 유쾌한 역사도 담길…….

작은 건물 안에서 세계를 보다 화마오 미술관(2008)

화마오 미술관은 중국에서 가장 큰 사립형 공익성 미술관이다. 화마오 미술관의 소유주이자, 화마오 그룹 이사장인 쒸완마오는 지인들에게서 받은 미술작품들을 소장해 오던 중 자신이 경영하는 화마오 외국어 학교 내에 미술관을 지어 전시하고, 무료로 공개하고자 하는 뜻을 품게 되었다. 화마오 미술관의 풍부한 진열품들과 무료 개방은 닝보 지역 문화에 밝은 빛을 더했다. 화마오 미술관 면적은 1,489㎡에 달하며, 건설 총 투자액은 7,000만 위안이다.

9월 21일 추석 다음날, 장대비가 주룩주룩 쏟아지는 인적이 드문 오후였다. 우리는 화마오 외국어 학교의 중축선상이자 인저우 신도시의 중심가에 위치한 화마오 미술관에 도착했다. 화마오 미술관 앞으로 인저우 신도시 중심 하천이 흐르고 있었다. 물의 흐름과 방향을 거스르지 않고 자연 속에 포근히 안긴 화마오 미술관을 찾아내었다.

도로변에서 본 화마오 미술관은 오산방 찻집이 다시 생각나게 할 만큼 물 위에 둥둥 띄운 이미지를 자아내고 있었다. 크고 작은 섬들이 보위하듯 석가산이 펼쳐져 있다.

신분증을 제시하고 이름과 연락처를 기록하는 등 입구에서 간단한 등록을 마쳤다. 미술관 내부는 녹색환경이 잘 조성되어 있고, 넓은 중앙 정원처럼 연못이 로비에 자리 잡고 있다. 사면이 훤히 개방된 물길 파빌리온이 리셉션 룸을 대신하고 있다. 연못 속에는 붉고, 희고, 황금빛을 띤 각종 물고기들이 이리 갔다 저리 갔다 신나게 놀고 있었다. 주위에는 바나나 나무와 기타 각종 분재 식물들이 선보였다. 물

01 화마오 미술관의 진입구. 비에 젖은 나무 다리의 모습이 운치 있다. 이렇게 긴 나무 다리를 거쳐야 입구에 닿는다. 닝보 미술관 진입구의 다리와 이미지가 비슷하면서도, 닝보는 콘크리트, 화마오는 나무로 바닥재에서 차이를 보인다.

01 화마오 미술관의 원경.
02 화마오 미술관 로비. 중앙 연못 주위를 나무 통로가 둘러싸고 있고, 그 옆에 바나나 나무 몇 그루가 훤칠하게 자라 있다. 철근으로 마무리한 가벽의 모습도 이색적이다.
03 화마오 미술관 전시장 입구 로비, 거닐고 점유하고 사용하는 데 불편함이 없도록 널찍하게 마련되어 있다. 출구와 동일한 디자인의 철근 가벽을 맞은편에 세워 로비 전체에 통일감을 부여했다.
04 화마오 미술관 내부 바닥재를 관찰했다. 어린 시절 내가 살았던 집의 마룻바닥처럼 윤이 반짝하게 니스 칠을 해 놓은 바닥이다. 05 화마오 미술관 전면. 오산방 찻집 외벽에서도 본 왕슈 스타일의 불규칙하게 뚫린 다각형 창문이 눈에 뜨인다.

길 한쪽에 키가 큰 체크 디자인의 나무 가벽이 세워져 있는데, 중간쯤에 불규칙하게 테두리를 친 큰 구멍이 보였다.

　미술관에서는 6개의 전람실을 개방하는데 1,000여 점의 원대, 명대, 청대 및 근대 중국 저명 작가들의 서예작품과 중국판화뿐만 아니라 당대 서예작품 및 중국 당대 러시아풍 화가 작품들의 유화들이 걸려 있다.

　닝보 미술관과는 사뭇 다른 바닥재가 시선을 붙든다. 전통양식으로 전시 부스의 골격을 세우고 기와를 얹었으며 그에 걸맞게 바닥재는 나무로 연출했다. 전체적으로 고풍적이고 은은한 느낌 속에서 작품들을 감상했다.

01 나무 격자로 된 가벽의 모습. 중간쯤 불규칙하게 뚫려 있는 큰 구멍이 하얀색 내벽이 주는 단조로움을 타파한다.

화마오 미술관에서
현지의 소감

비가 많이 와서 그런지, 사람이 없었다. 완전 독탕으로 엄마와 나는 편하게 구경할 수 있었다.

화마오 미술관은 역시 왕슈 스타일의 불규칙하게 뚫린 다각형의 유리창이 인상적이었다. 유리창 말고도 다른 식으로 벽이 뚫린 구조물들이 많다. 왕슈는 다른 장식을 하지 않는 대신 벽에 구멍을 뚫어 장식효과를 낸다. 각각 다 다른 매력들을 가지고 보는 즐거움을 준다. 때로는 삼각형 속에, 때로는 사각형 속에, 때로는 오각형 속에 담긴 세상을 들여다보는 것은 다른 데서는 맛볼 수 없는 재미있고 신나는 일이다.

02
항저우에서

과거와 현재의 오버랩 **남송어가 중산중로의 갱신과 보호(2007-2009)**

남송어가(Southern Song Imperial Street)는 남송시대 어가행렬을 위해 닦아 놓은 길인데, 2007년 항저우 시의 요청에 의해 거리 박물관으로 재생되었다. 항저우 정부의 위탁은 왕슈에게로 떨어졌다. 왕슈는 중산로의 구러우부터 서호대가까지의 1㎞의 보행로를 디자인하고 갱신했다. 왕슈는 남송어가의 보호와 갱신을 위한 여섯 가지 조건을 '갑' 방을 향해 제안했다.

첫째, 잘하려면 적어도 삼 년, 설계 전에 반드시 깊이 있게 연구를 할 수 있는 6개월의 시간을 가져야 한다. 둘째, 절대로 강제 퇴거를 하지 않으며, 충분한 수의 원주민을 유지하여 생활의 매력을 유지할 것이며, 셋째, 가짜 골동품을 만들지 않는다. 넷째, 겉만 살짝 입힌 거리가 아닌, 깊이가 있는 거리를 만들 것, 다섯째, 새로운 소형 건축물 시스템으로 원래의 12m 넓이로 축소한 거리를 연출한다. 마지막으로, 1㎞의 시범구역만을 만든다.

중국 미술학원의 200여 명의 교사와 학생들을 데리고 6개월간의 연구 조사를 거쳐, 왕슈는 설계방안을 내 놓았다. 철거를 완전히 정지하고 어떤 한 가구도 이주시키지 않는다는 전제하에 모든 오래되고 낡은 건물을 개조하였고, 유구한 역사를 지닌 목조건축과 중화민국건축, 50년 가까이 된 벽돌혼합 민가를 포함하여, 원주민 역시 본지 문화를 유지하기 위해 중요한 역할을 한다는 것을 증명했다. 2009년 9월 30일 항저우 남송어가가 새로운 모습으로 열렸다. 항저우는 시간이 거꾸로 흘러들어 간 듯한 변신에, 개혁개방 전의 흔적을 지닌 현대문화의 충전의 거리이다.

03 남송어가로 진입하는 게이트. 옛 거리의 복원은 항저우인의 자부심의 복원이다. 항저우인들은 가슴을 활짝 펴고 이 거리를 걷는다. 일찍이 있어야 했던 시와 그림의 정취가 느껴진다. 곧 비가 쏟아질 듯 흐릿하다.

01 형형색색의 돌들로 깔린 남송어가. 왼쪽 옆으로 물길이 지난다. 물의 시작과 끝에 항저우인들의 시선이 머물렀고, 이는 곧 그들의 정기요, 숨결이 되었다.

01 기와 얹은 차양의 빨갛고 울룩불룩한 곡절이 거리에 생동감을 준다.
02 누각 위의 차실. 바닥을 드러낸 거대한 '태호석'을 공중에 띄운 것 같다. 이 작은 건물은 딱 봐도 왕슈 건축의 패턴이다. 현대적인 미를 다분히 담고 있어, 전통과 현대가 혼연일체가 된 매력적인 도시, 항저우의 미래를 표현하리라. 왕슈가 즐겨 쓰는 건축 재료이고 닝보 미술관의 외벽을 두른 나무 디자인과 같은 패턴을 남송어가에서도 만나 볼 수 있었다. 실내에서 깨끗하고 격식 있게 자리하고 있는 나무보다도 시간과 비바람의 흔적을 느낄 수 있는 나무가 더 멋스럽다.
03 흰 벽면에 각기 크기가 다른 직사각형 창을 뚫어 장식 효과를 낸 건축물. 밤에는 실내에 켜진 등이 화사하다.

항저우에 사는 베이징어언대 제자가 마중 나와 줘서, 닝보에서처럼 길바닥을 헤매지 않고 호텔까지 빨리 편안하게 도착했다. 항저우 역에서 지하철을 타고 10분쯤 가다가 내려 도로를 끼고 좀 걷다 보니 남송어가 입구가 나왔다. 〈왕슈 건축지도〉에서 본 사진 속 호텔을 인터넷에서 검색해서 예약을 해 두었는데, 도착해 보니 운 좋게도 우리의 여행 목적지인 남송어가에 위치해 있었다.

남송어가 입구에 들어서는 순간, 중국의 옛 거리와 같은 모습이라는 느낌 외에도, 돌들이 유난히 많이 깔린 길바닥과 담벼락이 도드라졌다. 〈함순임안지(咸淳臨安志)〉 등 문헌에 따르면 남송어가를 닦아 놓는 데 모두 만여 장의 돌판이 사용되었으나, 이전의 고고학적 발굴에서는 '향고전'만 발견했다. '향고전'은 송대에 사용되던 전형적 벽돌로,

01 액세서리 판매점 출입구 포치의 정면. 이 포치는 남송어가의 랜드마크라 할 만하다. 양쪽 벽면에 뚫린 불규칙한 윤곽의 구멍이 화마오 미술관 로비에서 본 가벽 구멍을 떠오르게 한다. 불규칙하게 구멍을 내는 왕슈식 건축언어가 반복적으로 나타난다.
02 직선과 사선으로 간결하게 디자인된 포치 앞에서. '과거와 현대의 조화'라는 왕슈의 콘셉트가 닝보 박물관에서 매우 선명하게 보여 줬듯이 항저우의 남송어가에서는 절제된 디자인을 통해 역사성을 보존한 현대적인 공간을 펼친다.
03 닝보 미술관 외벽을 두른 나무재질과 비슷한 창문을 가진 작은 건물을 발견하고 기뻤다. 세월의 흐름이 살짝 느껴지는 나무창의 모습이라서 더 마음이 끌린다. 창문을 활짝 열어 젖힌 모습도 보고 싶었지만, 우리가 서 있는 내내 얄밉게도 굳게 닫혀 있었다. 04 기와, 나무, 강철 소재의 상점 전면. 이 패턴은 기묘하게도 거리 전체에 통일감과 일체감을 준다.

주로 무덤이나 성벽 건조에 사용되었다. 길이 28㎝, 넓이 6.4㎝, 높이 3.8㎝로, 현대 벽돌보다 가늘고 길다. 이러한 벽돌은 일반 벽돌보다 무겁고 단단하다. 향고전이 깔린 남송어가를 걷는 것도 다른 곳에서는 얻을 수 없는 체험이다.

어가의 남쪽으로는 남송의 황성의 북문인 화녕문(현재의 만송령과 봉황산 기슭 교차점) 외에도 조천문(현재의 구러우), 중산중로, 중산북로, 관차오에서 봉기로에 이르는 길, 무림로 교차점 일대가 남송시대 임안성의 중축선이다. 그 길이가 무려 4,185m에 이른다.

남송어가는 황제가 경령궁(현재의 무림로 서쪽)에 이르러 조상을 참배할

01 포치의 왼쪽 면. 이 포치 앞에서 중국과 서양 문화가 서로 소통하는 소리를 듣는다. 벽면은 기와를 차곡차곡 쌓아 올리고 콘크리트 테를 하얗게 둘러 마무리했다. 기와벽과 서양 건축 기법을 혼용했다.

때 사용하던 전용 길이다. 남송어가 중 왕슈의 패턴은 중산중로의 여기저기에서 볼 수 있었다.

중산로 옛거리에서
현지의소감

　항저우의 또 다른 하나의 관람지, 남송어가. 여행하는 내내 가장 재미있었던 장소였다. 호텔도 정말 아늑하고 편했다. 특히 남송어가에 잡혀 있어서 오고 가기가 편했다. 중간중간 먹을거리도 많았다. 그래서 그런지 다음번에도 또 가고 싶어진다.

　그리고 이 안에서도 여러 가지 볼 거리가 많아서 밤늦게까지 지친 줄 모르고 엄마랑 돌아다녔던 거리다. 정신없이 돌아다니면서도 이곳저곳에 숨겨진 왕슈의 손길을 찾아볼 수 있었다. 특히 남송어가에서 봤던 여러 가지 구조물의 윤곽은 화마오 미술관의 다각형 유리창을 연상케 했다. 남송어가 곳곳에 왕슈 건축가의 손길이 묻어 있었다.

흑기와 아래 홍목들의 향연 남송어가 박물관(2008)

중산중로에 서서 고개를 숙여 보면 800년 전의 남송어가, 원대거리, 중화민국시대의 태평방 골목이 아래로부터 위로 올라가며 늘어서고 있다. 이곳이 바로 남송어가 박물관이 위치한, 역사와의 영거리 느낌을 한 차례 받게 하는 신비로운 지점이다. 역사의 발자취를 발견하되, 책이 아닌 영상 속에서 그것도 바로 코앞에서 펼쳐지면서 심장이 맹렬하게 박동 친다.

남송어가 박물관은 원래 '육결관'이란 간판의 유서 깊은 국숫집이었다고 한다. 중국 경극 배우의 대명사인 메이란팡(1894-1961)이 이곳에서 국수를 먹기도 했다는데, '육결관'은 닝보식 굵은 면을 위주로 조기 온면, 두렁허리(뱀장어 비슷한 민물고기로, 한국에선 식용 불가)튀김온면이 유명하다. 중일전쟁이 발발하고, 경극 예술가인 메이란팡은 항저우에 와서 자선 공연을 했는데, 육결관에서 국수를 먹게 되었다. 국숫집

01 남송어가 박물관 벽면의 디테일. 크기도 색상도 다양할 뿐만 아니라 표면이 오톨도톨하다.
02 남송어가 박물관 진입구 측면. 대나무 및 목재가 수직과 평행으로 붉게, 검붉게 향연을 벌인다.
03 빨간 앵글이 기와를 잔뜩 이고 있고, 빨간 처마를 둘렀다. 남송어가 박물관의 지붕과 유리 평상이 도드라진다. 산뜻하면서도 중국적인 느낌이다. 그 옛날 경극배우가 다녀간 박물관 앞에서는 마침 현대 무용극이 펼쳐지고 있었다. 유리 평상 아래는 항저우 사람들의 아득하고도 먼 옛날이야기와 전설이 묻혀 있다.

01 남송어가 박물관의 돔형 지붕과 기벽. 기와 아래서는 대나무로 엮은 빨간 전장이 환상적이다. 여러 가지 색상의 벽돌을 교차시켜 마감한 기벽과도 조화를 이룬다.

주인은 특별히 휴업을 하면서까지 메이란팡을 환대하였고, 메이란팡은 육결관의 국수 맛을 극찬했다고 한다.

육결관은 이제 역사의 자취를 담은 박물관으로 면모를 일신하였다. 이걸 상전벽해라고 해야 할까? 국숫집이었는데 환연일신하여 남송어가 박물관이 된 것이다.

01 박물관 진입구

남송어가 박물관에서
현지의 소감

　남송어가 박물관은 엄마랑 내가 밖에서 한 번 둘러보고 스쳐 지나갔다가, 다시 돌아다니다가 찾게 된 곳이었다. 왜냐하면 도무지 박물관이라고 하기에는 너무 작았기 때문이다. 하지만 안에 들어가 진열된 유물과 사진들을 보니, 전혀 박물관답지 않은 공간 설계 안에 남송어가의 유구한 역사를 잘 담아내고 있어서, 기발하고 독특하다는 생각이 들었다. 박물관으로서의 존재감을 잠시 무시한 듯해서 좀 미안했다.

왕슈 건축 양식의 총동원 중국 미술학원 쌍산 캠퍼스(2002-2007)

중국 미술학원 쌍산 캠퍼스 1기 공정은 초고속 영조에 빠져 있는 중국 주류의 건축가들과는 다른 작품이다. 대학 요직에 몸담은, 현실을 멀리 떠난 왕슈는 그의 이상적 도시와 건축의 영조에 둔 뜻을 시끄럽게 떠들어댄다. 원림 도시와 원림 건축의 영조는 왕슈가 줄곧 꿈속에서도 바라던 것이었으며, 쌍산 캠퍼스 공정에서 드디어 이뤄 냈다. 그것은 한 사람의 것이다.

인문학 이상주의자의 캠퍼스 기획과 캠퍼스 영조, 1기와 2기의 영조가 쌍산을 에워싸고 산야에 점점이 흩어져 분포했다. 마음 내키는 대로, 천연 그대로의, 진력하여 설계하지 않은 설계 형상이요, 신경 써서 영조하지 않은 중심 캠퍼스가 쌍산 기슭 원림 도시에 쫙 펼쳐진다.

쌍산 캠퍼스에서 왕슈는 현지에서 폐기한 낡은 기와들을 기획하여 대량으로 사용하였다. 산 위에서 아래로 내려다보면, 온통 기왓장의 세계이다. 이것은 역사의식을 극대화할 뿐만 아니라, 그의 현실에 대한 태도를 표현한다. 낡은 기왓장들의 대부분은 1970년대 중국 강남이 부유해지기 시작하던 때의 산물이며, 현재 거듭 건물을 재건축하면서 비참하게 유기된 것이다. 낡은 기와를 회수하여 재활용하는 일은, 사라져 가고 있는 건축 전통을 회상하는 기회가 되며, 격변하는 현실에 대한 비판의 책략이었다. 더욱 중요한 것은 쌍산 캠퍼스의 기획과 건축 설계는 아시아 건축학의 재건에 대한 원대한 뜻의 발현이며, 원림 도시의 건설과 건축 모델 모색을 위한 과업이었다는 점이다.

쌍산 캠퍼스는 국립 중국 미술학원의 건축예술학원, 예술설계학원, 공공예술학원, 영상애니메이션학원, 실험가공센터, 기초교학부 건설을 위한 신(新) 캠퍼스이며, 500여 교수 및 5,000여 학부생과 석·박사 과정 학생이 수학하며 생활하는 공간이다. 2,000년 이곳은 중국 정부가 조직한 대학 건물 구획의 흐름을 따르지 않았다. 항저우 남부 뭇산 중의 동부 가장자리를 부지로 선택한 것은, 인프라의 부족으로 잠시 문제가 될 수 있기는 했다. 하지만 대학 교수들과 예술가 및 부지 선택에 참여한 건축가들 모두는, 중국 문화 전통에 의거한 건축 부지

01 〈천리강산도〉 (출처 : 바이두)

를 선택함에 있어서, 건물이 들어설 환경 중의 산수는 심지어 건축보다 더 중요하다는 데 생각을 같이 했다.

건축가 왕슈는 썅산 신 캠퍼스 건설 중 자기의 생각과 주장을 체현했다. '어떻게 하면 빠르게 지역 문화를 상실해 가는 중국 도시에 그 지역이 본래 지닌 공간의 구성을 재건하는가, 어떻게 하면 중국전통과 산수가 공존하는 건축 양식이 오늘의 현실 속에 있게 하는가, 어떻게 하면 대학 캠퍼스 건설의 기회를 이용하여 일종의 당대 중국 본토의 새로운 도시 영조의 패러다임을 탐색하는가'였다.

중국 전통의 정원 양식을 지닌 대학 건물의 원형을 돌아볼 때, 썅산 신 캠퍼스는 최종적으로 일련의 산을 면하고 영조된 차별화된 정원을 구성한다. 건물들은 민감할 정도로 산수를 따라 비틀리고 변형되며, 장소가 지닌 본래의 농지, 계곡과 하천과 연못은 신중하게 유지된다. 중국 전통의 원림과 절묘한 시적 언어와 공간 언어는 탐색적인 전환에 의해 대규모의 순박한 전원으로 전환된다. 그러므로 썅산 캠퍼스는 동떨어진 설계에서 나온 것이 아닌, 자연과 도시의 사고 맥락에서 나온 것이다.

중국의 건축 전통 중 이러한 건축은 '원림'이라 불린다. 이 단어는 서양의 '화원'이라는 말로 번역할 수 없는 성질의 것이다. '화원'은 자연이 도시 안에 배치된 것이라서, 도시 건축에 일종의 질적 변화가 생기며, 반은 건축, 반은 자연인 형태가 된다. 만일 '자연'이 한 끝이라면, 건축가 사고의 다른 한 끝이 바로 '도시'이다. 마치 어떤 예기치 않은 사건을 기다리는 일련의 작은 공간에서처럼, 좀 산만한 것 같고 심지어 엄격한 구조가 없는 것 같아 보이지만 진정한 삶이 여기서 비로소 느릿하게 발생할 수 있다. 건축은 처마, 동굴, 비행통로, 옥상 아래 차분한 마당, 옥상 위 테라스, 나무 아래, 들판, 물가 등 다양한 형태의 교수 및 학습 교류의 공간을 생성해 낼 수 있다.

쌰산 캠퍼스 안의 모든 건물은 쌰산을 가장 중요한 사색과 감상의 대상으로 삼는다. 건물마다 같은 '중국자(中国字:중국문자)'가 있으며 쌰산을 면하고 있는 어떤 지향성(Directivity, 指向性)을 나타내 보인다. '자(字)'와 '자(字)' 사이의 공백은 똑같이 중요하다. 사람들이 노닐며 한 차례 또 한 차례 푸른 산을 다시 바라보게 되는 지점이다.

현재 중국 도시의 대규모 철거와 재건축 현상을 대하는, 700만이 넘는, 연대를 달리하는 낡은 기와는 저장성 전역의 철거 현장에서 회수하여 쌰산 신 캠퍼스로 온 것이다. 쓰레기 취급을 받을 수 있는 것들이 여기서 순환 이용되면서 효율적으로 제작비를 조절하고, 중국 본토의 지속 가능한 건조 전통을 재건하고 연역했다. 쌰산 신 캠퍼스는 아마 중국의 전통과 현실이 격렬히 충돌하여 탄생한 또 다른 '유토피아'요, 30동의 크고 작은 각기 다른 건축이 평온하고 차분한 중국 남방의 산수 사이에서 5,000명에 달하는 예술 학우들의 청춘과 격정, 사색, 꿈, 인간의 내면 깊숙한 곳으로 통하는 귀향의 길을 분명히 보여 준다.

닝보 박물관이 리탕의 〈만학송풍도〉의 이미지를 형상화한 것이듯, 쌰산 캠퍼스는 북송의 화가 왕희맹(1096-1114)의 〈천리강산도(千里江山图)〉를 형상화한 것이다. 2008년 베이징 올림픽 개막식에 나왔던 퍼포먼스 중 LED 두루마리 족자 위에 또 한 겹의 판을 깔고, 그 위에서 검은 의상의 무용수들이 온몸을 동원한 춤사위로 수묵화 한 폭이 그려지는 장면이 있다. 그들이 그림을 그리고 있을 때, 그리고 완성된 그림이 들어 올려지면서 LED 화면에는 청록빛이 인상적인 중국의 옛 산수화 형상이 흐르고 있었는데, 그것이 바로 〈천리강산도〉다. 과거의 문명과 현대 과학이 오버랩 되며, 전통과 현대가 조화를 이루는 장면이었다.

〈천리강산도〉는 왕희맹이 불과 18세에 그린 그림이라고 한다. 끊임없이 뻗어 있는 산세, 그윽한 산봉우리, 고봉과 비탈, 흐르는 시내와 절벽에서 쏟아져 나오는 샘물, 물과 들판, 어선과 유람선, 다리와 무자위, 띠풀과 민망초로 엮은 망루, 물고기잡이, 감상과 여행, 고함치며 건너는 인물의 활동이 마치 살아 있는 것 같이 생생하다. 수당이래 청록 산수의 표현기법을 전면적으로 계승했다. 51.5×1191.5㎝의 거작을 여기서는 일부분의 이미지만 실어 본다.

남송어가 근처 버스정류장에서 버스를 타고 40분 정도를 달려 항저우 외곽의 중국 미술학원 쌍산 캠퍼스에 도착했다.

정문을 들어서는데 가로수들과 숲이 즐비하다. 캠퍼스가 아니라 삼림공원에 온 듯한 기분이다. 시멘트인 것 같기도 하고 벽돌인 것 같기도 한, 담쟁이가 온통 뒤덮여 소재를 알 수 없는 건물로 캠퍼스를 가득 메우고 있다. 인저우 공원 오산방에서 본 갤러리의 일파삼절의 지붕과 퍼즐을 껴 맞춘 듯한 기와벽, 찻집, 남송어가에서 본 태호방, 하얗고 다양한 직사각형 창문이 뚫렸던 상점, 닝보 미술관 나무벽, 화마오 미술관의 다각형 창문 등 그동안 우리가 감상한 왕수의 작품들이 이곳에서 폭풍 성장한 모습으로 파노라마처럼 펼쳐진다. 산을 둘러싼 이곳에 약속이라도 한 듯 다 같이 모여 흐드러지게 벌이는 축제에 참여하는 기분이다.

중국의 산과 건물의 연관성은 경관의 일부가 아닌, 공존의 관계이다. 썅산 캠퍼스 건축은 최종적으로 '대합원' 모티브의 조합이 되었다. 얇은 유리탑의 한 동이 정교하게 마련된 위치에 놓임으로써, 산을 면하고 영조한 '탑원식(塔院试)' 형국이 되었다.

썅산 캠퍼스 2기 건축 프로젝트 팀은 원칙을 하나 세웠는데, 그것은 건물의 고도가 대부분의 나무보다 낮아야 한다는 것이다. 캠퍼스 전체는 모두 각종 방식으로 이곳의 자연 원칙에 순응하고 있다. 캠퍼스의 건물은 자연과 도시 간의 사고 맥락 중에 나타난다.

썅산 캠퍼스 1기 공정 작품(2002-2004)

썅산 캠퍼스 1기 공정은 10동의 주요 건물로 이루어진 건물의 조합으로서, 도서관 1동, 소형 미술관 1동, 6동의 강의실 및 워크숍 복합 건물, 1동의 소형 체육관, 1동의 작업실 및 옥탑 관리동을 포함하고 있다. 또한 건물과 산을 연결해 주는 2개의 다리가 있으며, 각각의 다리는 88m와 180m이다.

각기 다른 개성의 건물 10동이 서로 다른 시스템으로 연결되지만, 돌과 나무라는 기본 소재의 공통성으로 인해 그 배치가 통일감을 준다. 어떤 건축가는 중국 미술학원 썅산 캠퍼스의 재료 사용의 순수성을 빵에 비유하며, 프랑스인들이 즐겨 먹는, 겉은 거칠면서 그 속은 부드러운 식감이 있는 빵과 같다고 표현하기도 했다.

도서관은 사면이 다르게 디자인 되어 있다.

01 숲 속에 파묻힌 느낌의 도서관. 기와를 얹은 수직 구도의 긴 차양과 철재 프레임의 유리창이 대비와 조화를 이룬다. 중국 남방 시가 문학의 가장 중요한 주제는 '강우(降雨)'이다. 또한 비가 내린 후, 빗물이 내려 오는 것을 감상하는 것이다. 비오는 날 도서관에서 공부하던 학생들의 시선이 창가에 이르고, 처마 끝에서 떨어지는 빗물을 감상하며, 시가적, 예술적 영감을 얻으리라.

1부 첫 번째 여행을 떠나며

1부 첫 번째 여행을 떠나며

01 체육관 진입구.
02 체육관의 정면. 얼핏 보기에 도서관과 디자인이 흡사한 이 건물은 체육관이다. 도서관처럼 건물의 정면 층층의 창마다 기와를 얹어 마감한, 희한한 이미지를 연출하나 유리창의 배치가 좀 다르다.

01 학생 기숙사와 도서관이 지닌 각기 다른 디자인의 외벽이 만난 모습.

01 고전적 디자인과 현대적 디자인이 혼용되어 있다. 풀숲이 통일감을 준다.

01

1부 첫 번째 여행을 떠나며

01 학생 기숙사.
02 식당 측벽 디테일. 흰 벽면에 난 크고 작은 창문을, 소와를 차곡차곡 얹은 차양이 가로지르고 있다.
03 건물과 건물을 잇는 철재 다리.

샹산 캠퍼스 2기 공정 작품(2004-2007)

샹산 캠퍼스 2기 공정은 10동의 대형 건축물과 2동의 소형 건축물로 구성되어 있고, 건축예술학원, 예술설계학원, 실험가공센터, 미술관, 체육관, 숙소와 식당 등을 포함한다.

그중에서 우리가 처음으로 들어간 곳은 실험가공센터. 건물 밖으로 뱀처럼 구비구비 솟은 대나무 계단을 두른 모습이 시선을 사로잡았기 때문이다. 1층 계단을 쭉 타고 오르면 2층이 된다. 3층으로 가고 싶어 오르는데, 다시 2층으로 내려와 있다. 길이 있는 것 같아 쭉 따라갔는데 벽을 만난다. 나야 여행객이지만, 급하게 어딘가에 가야 하

01 실험가공센터 전경1.

는데 출구를 못 찾고 건물 안에서 헤매게 되면 성질도 날 것 같다. 설마, 시공상의 실수일까? 왕슈는 말한다.

"자기 다리가 있는데 뭐가 걱정인가?"

그래, 그런 느긋하고 긍정적인 삶의 태도도 좋을 듯싶은데. 애써 밖으로 나가지 않아도 건물 외벽을 따라 연결된 대나무 난간 다리로 건물을 건너다니며 산책할 수 있었다. 높이가 달라짐에 따라 만나는 풍경도 가지각색이라 눈이 지루해질 새가 없다.

벽돌은 우리에게 가장 친숙한 건축재료이다. 벽돌을 싫어하는 건물주는 없을 것이다. 벽돌은 기계가 아닌 장인의 손길로 차곡차곡 쌓아 올려야 하는 것이기에, 인간적이며 정성의 깊이가 느껴져 좋다. 담쟁이가 타고 올라가며 좋아할 건축 재료도 벽돌집이니, 사람과 자연이 다 환호하는 건축 재료다.

요즘 한국 건축에서도 벽돌이 뜨고 있다고 한다. 얼마 전 신문에서 한국 벽돌 건축의 최신작, '젊은 건축가상'을 수상한 작품들을 감상한 적이 있다. 가장 친숙했지만 의외로 우리 곁에 드물었던 벽돌집이 다시 돌아오는 추세라는데, 우리나라 벽돌 건축가들을 향해 멀리서 마음으로나마 응원을 보낸다.

썅산 캠퍼스를 건설하기 위해 왕슈는 화동 지역 각성의 철거촌 현장에서 300만 장의 연대가 각기 다른 낡은 기와를 수집했다. 듣기로는 왕슈의 거리낌없는 매입으로 인해 화동 지역의 낡은 기왓장과 벽돌 가격이 폭등하여 떠들썩하기도 했다고 한다. 왕슈는 줄곧 2005년 일본 아이치 엑스포에 참석했던 것을 이렇게 회상한다.

"시작은 놀라웠는데 눈을 크게 뜨고 보니 그곳에는 기이하고 다양

01 건축예술학원 교학관 모퉁이. 담쟁이의 가공할 만한 생명력이, 길고 불규칙하게 뚫린 벽 구멍과 장식벽 틈을 넘나들며 내부 세계와 외부 세계를 엮고 있다.

한 건물이 없었고 모두가 평범하기 그지없었다. 운용 재료가 회수 가능하며 재활용할 수 있는 것이었다. 모든 건축이 최소한 훼손된 것이었고 우리가 통상 보게 되는 건축물의 모습이 아니었다. 단 나에게 준 영향이 아주 컸다. 나는 갑자기 이것이야말로 건축의 참뜻임을 발견했다."

왕슈는 재활용할 수 없는 에너지원의 위기 직전의 건축관을 통해 현실을 자세히 보게 된다. 중국 건축은 완전 건축표면이 신기한 어떤 잘못된 인식을 뛰어넘을 수 있음을, 그리고 곧장 생태형 단계로 진입할 수 있음을……. 왕슈는 자신을 돌이켜 보기 시작했다. 전통적인

01 예술설계학원 부속 건물. 남송어가에서 본 왕슈식 나무창문 소 건물 스타일.

중국이 줄곧 운용한 것은 일종의 흙과 나무 같은 자연재료를 위주로 한 것이며 이러한 재료는 완전히 재활용될 수 있는 것임을, 닝보 등지의 적잖은 민가 중에 심지어 당나라 때의 벽돌이 현존하고 있음을 왕슈는 발견했다. 이것은 벽돌과 기와의 순환 이용이 중국의 건축 전통 안에 계속 이루어져 왔다는 것으로 설명된다. 조상들은 일찍이 생태를 신경쓰며 살아 왔고, 건축이 항상 토지의 재료에 근간을 두었다는 모든 것을 왕슈는 깨우쳤다.

그 후 왕슈는 토지에 뿌리를 내린 재료들을 즐겨 사용했다. 또는 재활용이 가능한 낡은 재료들을 선택했다. 생태와 검약을 최대한으

02 건축예술학원 교학관 내부. 'ㄷ'자형 중국적 건축 기법의 연출. 중앙연못 주위로 건물이 뺑 둘렀다.

01

02

01 식당. 02 건축예술학원 교학관 내부. 기름하고 불규칙하게 뚫린 큼지막 한 벽의 구멍은 외부와 내부의 소통과 빛줄기의 통로이다.
03 예술설계학원 외부.
04 예술설계학원 내부. 내부에서 보는 외부 경관의 경이로움에 눈이 휘둥그레진다.
05 실험가공센터 전경2. 바깥벽에 대나무 난간의 계단을 둘렀다.

05

03   04

　로 실천한 것이다. 낡은 건물에서 철거되어 나온 낡은 기와 벽돌, 돌이기에 동류의 신 재료들의 가격의 반밖에 안 된다. 왕슈의 생태 건축에 필요한 건설비의 원가는 신 재료를 쓴 같은 규모의 건축 비용의 반을 절감했다.

　위의 사진처럼 왕슈의 건축은 불규칙적으로 뚫어 놓은 개방성이 특징이다. 유리창은 거의 볼 수 없었다. 건물마다 사방팔방으로 열린 형태의 내부구조는 '아, 건물을 이렇게도 지을 수 있구나!' 하는 감탄과 함께 우리가 그동안 일상에서 보아 온 건물로 가지게 된 상식을 깬다.

　왕슈의 건축물에서 벽의 존재는 내부와 외부의 분리를 위한 것이 아닌, 내부와 외부를 기이하게 얽기 위한 것으로 나타난다. 벽면은 패턴이 없는 큼지막하고 네모진 구멍들이 제멋대로 뚫려 있는 듯하지만, 신기하게도 궁극적인 조화와 일치를 나타낸다. 건물 가운데는 정원을 놓아 뚫고, 세 면에 건물을 두르는 'ㄷ'자형 중국 건축 기법을 사용했다.

　쌍산 캠퍼스를 거니는 내내 2002년부터 2007년, 디자인부터 건설에 이르기까지 왕슈가 중국 미술학원 프로젝트에 전념했음을 읽어 낼 수 있었다. 벽돌과 기와를 켜켜이 쌓은 것은 설계자가 시공 과정을 직접 지켜봤음을 증명한다. 특히 중국 미술학원을 지을 당시 철거한 전통가옥에서 나온 700만 장의 기와를 신축 대학 건물 지붕에 사용했다는 것은, 지금 중국에서 도시 개발을 부추기며 많은 것들을 파괴하는 것에 대한 무언의 저항이 아닐까 싶다.

중국 미술학원 캠퍼스는 역사와 장소가 가진 특수성이 조화를 이룬 작품이다. 왕슈는 건축 재료가 가지는 의미를 잘 알았다. 역사에 뿌리를 내리면서도, 이에 얽매이지 않고 자신의 작품을 누구나 보편

01

01 도서관 주변 연못 경관.
02 건축예술학원 교학관 장식벽 디테일.
  담쟁이가 불가사의하게 엮였다.
03 대나무 난간의 디테일. 강철로 테두리를 둘러 안정성을
  주었다. 비바람을 견뎌 내서 더욱 아름답다.

적으로 공감할 수 있도록 세련미를 갖춘 현대 건축물로 승화시켰다.

중국 미술학원 쌍산 캠퍼스는 왕슈의 건축 실험장인 듯했다. 2002년부터 5년간 2단계에 걸쳐 산과 호수의 흐름에 따라 지은 건물들은, 결코 자연을 거스르지 않는 아늑하고 평화로운 풍경을 하고 있었다. 쌍산 캠퍼스의 하이라이트 역시 건축 재료다. 벽에는 대나무 거푸집을 사용한 흔적이 체크무늬 옷처럼 선명하다. 난간과 출입문에도 대나무 등을 사용했고, 기와와 오래된 벽돌들이 건물을 가득 둘렀다. 왕슈는 지역 철거 현장에서 회수한 벽돌 수백만 장을 캠퍼스 건설에 사용했다. 지역에서 나오는 재료를 재활용해 중국 강남 특유의 문화를 독특한 구조 속에 표현한 것이다.

왕슈는 "산이 먼저 있었고, 장소의 역사가 있으니 그걸 해치면 안 된다"고 의미를 부여했지만, 중국 건축계는 그가 만든 캠퍼스를 "볼 품없다"며 비판했다고 한다. 혹자는 '수도원' 같다고 말하기도 하고,

01 건축예술학원 교학관의 널찍한 장식벽 전면. 짧게 깎인 잔디를 배경으로, 코바늘질 모티브로 된 블랭킷 같은 벽면이 시원스럽게 펼쳐 있고 금빛을 살짝 머금은 초록 담쟁이가 더듬더듬 기어오르고 있다. 이 독특한 벽면은 중국 미술학원 쌍산 캠퍼스를 찾는 여행객들의 발길을 멈추게 하는 촬영지이다.   02 실험 가공센터의 한쪽 모퉁이. 순백의 벽면과 대나무 회랑의 색조가 산뜻하게 어우러진 가운데 기하학적으로 뚫린 창문들, 대나무 회랑의 돌출, 철제 다리의 민첩한 연결 등으로 활력이 넘치는 분위기를 연출한다.   03 복장학원 교학관 전면. 닫히면 완벽한 벽면, 열리면 육중해 보이는 나무 창으로 둔갑한다.

05

04 외벽 디테일. 겹겹이 쌓여 작품을 이루고 있는 각종 폐기와들의 모습이 보인다. 고유의 형태가 하나하나 살아 있는 정도가 아니라, 마치 손가락으로 빼낼 수 있을 것처럼 대충 쌓아진 모습이다. 설계 과정 중 건축 재료의 충분한 확보 및 재활용성과 경제성, 실용성을 위해 각 지역의 철거 마을로부터 700여 만 장의 각기 연대가 다른 기와를 수집했고, 이것들을 쌍산 캠퍼스의 지붕과 벽면에 새롭게 탄생시켰다. 노랗게 채색해서 포인트를 주고 단조로움을 피한 기와도 보인다.   05 실험가공센터 전경2.

강의실이 어둠침침하다고 불평하는 교수도 있다 한다. 건물에 들어갔다가 출구를 찾지 못해 헤매다 나온 사람의 이야기며, 범상치 않은 건물 디자인으로 인해 다양한 에피소드가 있는 듯하다.

그 가운데서도 2012년 건축계의 노벨상으로 불리는 '프리츠커상'은 무명 건축가인 왕슈에게로 돌아갔다. 왕슈는 유학파도, 주류 건축가도 아닌 '토종 건축가'로 단숨에 '스타 건축가'의 반열에 오른 것이다. 중국건축가협회는 어떻게 대응해야 할지 몰라 긴급 회의에 들어갔다. 세계가 놀랐고, 중국도 놀랐다는데 정작 기뻐해야 할 중국 건축계는 차라리 충격에 빠진 듯했다. 아시아 국가로선 일본 다음으로 두 번째이자 역대 최연소 수상자로 중국 건축을 빛낸 왕슈는 결국 축전조차 받지 못했다고 한다. 시상식은 5월 25일 베이징에서 거행되었다. 프리

01 복장학원 교학관 귀퉁이에 부속된 '태호방'이
남송어가 누각에 위치한 찻집을 떠올리게 한다.

01 이슬비가 내리는 복장학원 교학관 길모퉁이에서. 복장학원의 나무 벽은 살포시 젖어 가고 초목은 한층 더 푸르러진다. 자전거를 타고 길모퉁이를 돌아 강의실을 찾아 가는 여학생의 긴 동선에서 야릇한 여운과 정취를 느낀다.

츠커상의 가치와 명예는 이루 말할 수 없다. 매년 40개 이상의 나라에서 500명이 넘는 건축가들이 추천되고, 단 1개 팀이 선정된다. 심사위원의 대부분은 유럽과 미국 사람으로, 그들이 현대건축의 기본적인 표준을 결정하는데, 왕슈의 작품에서 그런 기본적 표준을 발견하고 인정한 것이다. 안도 다다오(1995년), 니시자와 류에(2010년) 등 일본 건축가들에 이어 중국까지 이 상을 거머쥐자 세계는 들썩였다. 한국 건축계는 비탄과 자성의 목소리를 냈다.

왕슈의 수상이 건축계에 던진 메시지는 무엇일까? 한국을 방문한 바 있던 왕슈는 "영혼이 없는 건축물이 너무 많다. '발전'이라는 이름

01

01 건축예술학원 교학관 본관 후면. 중국 본토 특징의 현대 건물에 대한 일종의 실험이며, 중국 전통의 산수화와 자연과의 상호 대화의 관념으로부터 얻은 영감이 고스란히 담겨 있는 듯하다.　**02** 건축예술학원 교학관 본관 전면 동남쪽. 나무 벽에 열린 나무문. 그 자체로도 충분한 장식 효과를 준다. 네 개의 원호로 이루어진 지붕이 파도 치듯 역동적으로 펼쳐진다.
03 교직원 사무동. 구내 식당 자재와 학생기숙관리 교직원들이 사무를 보는 곳이다.

으로 역사를 파괴해서는 안 된다"고 심중의 생각과 견해를 밝혔다. 인제대 건축학과 이장민 교수는 "과거를 존중하는 것은 이미 거스를 수 없는 시대적 흐름이다. 왕슈의 건축은 마치 대학생의 실험작처럼 창의성이 대단하다. 어떻게 이런 직설적인 상상을 현실화할 수 있는지 모르겠다"며 놀라움을 감추지 못했다.

쌍산 캠퍼스에서
현지의소감

    중국 미술학원 쌍산 캠퍼스, 여기는 '왕슈 캠퍼스'라고 불러도 그만일 만큼 왕슈 건축물로 넘쳐난다. 호텔에서 버스로 오랜 시간 타고 이동했고 비도 많이 내렸다. 장대비를 막아 낼 큰 우산을 들고 빗길을 걷느라 지금까지의 여행 목적지 중에서도 가장 힘들었던 목적지이기도 하다. 우산을 들고 넓은 캠퍼스를 거닐면서 왕슈가 설계한 넘쳐나는 건축물을 감상했다. 한참을 다녀도 건축물은 끝이 없었다. 건물 안에서 지나가다가 만난 노란 소파는 반갑지 않을 수가 없었다.

    주위가 수풀로 우거진 캠퍼스 안은 걸어도 걸어도 끝이 없었다. 그만큼 돌아다니는 데에도 한참이 걸렸다. 하지만 힘든 만큼 의미도 있었던 것 같았다. 힘들었던 경험들 속에서 중국의 전통적인 건축 양식인 전벽돌, 기와, 나무, 대나무를 주재료로 최대한 자연을 살리고자 노력한 왕 슈 선생님의 건축 철학에 더 다가갈 수 있었던 기회를 준 것만 같아서 오랫동안 기억 속에 남아 있을 것 같다.

흐늘흐늘 재즈 추는 아파트 전강시대 아파트(2002-2007)

공항에서 항저우로 진입하려면, 첸탕강 제3대교를 넘는다. 진입교 좌측으로 아파트 단지가 보인다. 한 동이 100미터 높이에 가까운 800호의 집합주택이다. 마치 대자리를 짜듯이, 200여 개의 복층 아파트를 상자처럼 포개듯 쌓아 올린 이 아파트는 두 동은 판식, 네 동은 점식 배치로, 단절된 듯 이어진 것처럼 보이는 효과가 있다.

사실은 양쯔강 이남 지역을 부분적으로 잘라 내어 아파트 단지의 기본 패턴을 확정 지었다고 한다. 이로써 15m 깊이, 21m 길이, 6m 높이의 공간을 가지고 설계를 시작하게 되었다. 왕슈는 그것을 도시의 기본 구조 단위라 일컬었으며, 심지어는 1개월의 수정 과정을 거친 후에야 그라운드의 전체 그림이 생겨났다.

왕슈는 상상한다. 이러한 기본구조단위가 도시와 시골의 분열을 뛰어넘을 것이라고……. 0m에서 100m의 어떤 고도에서 살든 체감 높이는 2층짜리 건물에서 사는 듯할 거라고……. 이로써 다시 한 번 주택과 토지와의 관계를 확립했다.

건축 부지는 극히 불규칙하다. 좁고 길고 비틀렸다. 대자리를 짜듯 비틀린 정원을 통한 설계 효과로써 세로 길이 15m의 주택들이 흔히 안게 되는 문제들이 해결되었다. 불규칙한 건축 부지를 충분히 이용하여 도시생활에 필요한 거주밀도를 실현한 것이다.

그뿐만 아니라 어느 정도의 높이에서 살든 뒤뜰과 앞뜰이 있고 주민들은 식물을 재배할 수 있다. 반수에 달하는 주민들을 위해 점적관수 계통을 배치한 종식 못을 설계했다. 자유롭게 선택한 원예활동

01 전강시대 아파트 표지판.

01 한 동의 판상형 아파트와 두 동의 탑상형 아파트의 적절한 배치가 돋보인다. 여섯 동의 's'자형 전망을 한꺼번에 담지 못해 아쉽다.

01 전강시대 아파트는 도로변에 있으면서도 건물이 나 보란 듯이 도로변에 드러나 있지 않다. 먼저 무성한 나무부터 눈에 들어오고, 그 다음에 건물이 들어오는 설계구조다. 수목에 가려져 낮은 건물이 숨은 듯, 보이는 듯, 차분하면서도 함축적인 느낌이다.　02 옆에서 볼 때 살짝 둥글게 말리고 있는 느낌이다.　03 여느 고층 아파트와 마찬가지로 하늘을 향해 찌를 듯한 기세다.

이 일종의 소실되어 가는 생활방식을 다시 창조할 뿐만 아니라, 일종의 가능성까지도 제공한다. 주민이 식물에 의지하여 장소에 귀속된 느낌을 다시 찾을 수 있다. 왕슈는 심지어 자유 건축단위를 기본 건축단위와 같은 길이로 설계하기까지 했다. 대략 총 세대수의 10분의 1을 점유하여 4~6호구를 두 번 건축할 수 있다.

　이번 여행의 마지막 코스다. 남송어가에서 택시를 타고 15분만에 도착한 왕슈의 작품은 첸탕강이 흐르는 강변에 위치한 전강시대 아파트. 직육면체형 상자를 얼기설기 쌓아 올린 듯한, 한쪽 모서리가 삐죽 나오면, 다른 쪽 모서리는 안으로 쏙 들어갔다. 뼈 마디마디를 다 움직여 흐느적흐느적 재즈를 추는 인체의 형상이 떠오르기도 하는, 이제까지 그 어디서도 보지 못한 색다른 디자인에, '아, 이렇게도 지을 수 있구나!' 감탄했다.

　25~28층의 아파트 6개 동이 강변을 따라 줄을 지었다. 800세대가

사는 아파트는 어느 집에서나 정원을 가질 수 있는 복층 구조로 돼 있다. 건물 외벽은 중국의 옛 건물에서 나온 전벽돌과 기와로 마무리 했다. 사각형 혹은 탑상형으로 엇비슷한 한국의 아파트와는 확실히 구별되는 자태를 자랑하듯 내 눈앞에 전강시대 아파트가 펼쳐졌다.

엘리베이터에서 만난 이 아파트 관리실 아저씨가 "특색 있는 디자인과 강변에 있다는 이점으로 집값이 많이 올랐는데 댁도 집 사러 왔소?"하고 묻길래 "아니요. 집을 감상하러 왔는데요."라고 했더니 웃는다. 이렇게 오간 짧은 대화로 트렁크를 관리 사무실에 맡길 수 있었고, 모처럼 홀가분하게 아파트 단지를 휘저으며 다녔다.

전강시대 아파트는 중국이기에 가능한 디자인이 아닐까 하는 생각

01

01 색채 면에서 볼 때 요즘 건축되는 아파트의 모던한 분위기는 느낄 수 없는 것 같다. 거무칙칙한 게 사진발이 좀 안 나오는 것 같기도 하지만, 각각의 층들이 수직과 수평으로 교차하면서 회전하는 모습과 흐늘흐늘한 느낌이 굉장히 압도적이다. 여느 아파트들과는 사뭇 구별되는 역동감으로 아무리 쳐다 봐도 지루하지 않다.
02 올려다 보니 한쪽 모서리가 돌출한 모습이 더욱 두드러진다.

이 드는 것이, 일단 모양새로 볼 때 공사를 시행해야 하는 쪽에서 들여야 하는 힘과 수고가 만만찮아 보인다. 아직까지는 상대적으로 중국의 노동 임금이 싸니까 건설비용 부담에 그다지 큰 영향을 줄 것 같지는 않아 보인다. 하지만 한국은 입장이 다르다. 그럼에도 불구하고 한국을 방문할 때마다 아파트의 디자인이 참 비슷비슷하다는 느낌을 떨칠 수가 없다. 이제는 새로운 시도를 해 봐야 할 때가 오지 않았나 주제 넘은 생각을 조심스레 해 본다.

왕슈는 사회 공헌에도 인색하지 않았다. 절경으로 유명한 항저우의 호수인 '서호' 주변에 1천 년 이상 된 주택 단지를 당국이 허물려고 하자, 사진 400여 장을 내보이며 "새집을 지으면 1천 년 역사가 1년이 되고 만다"고 고위 관리를 설득한 끝에 재개발을 막아 내기도 했다.

왕슈는 중국의 도시 개발에 대해, 〈시카고 트리뷴〉과의 인터뷰에서 이렇게 말했다고 한다.

"원래 중국에는 아름다운 도시들이 많았으나 다 부숴 버렸다. 그것을 현대 도시라고 부른다. 순식간에 도시는 매우 단조로운 모델이 된다. 아주 넓은 도로 체계를 만들고 블록마다 개발회사에게 초고층

01

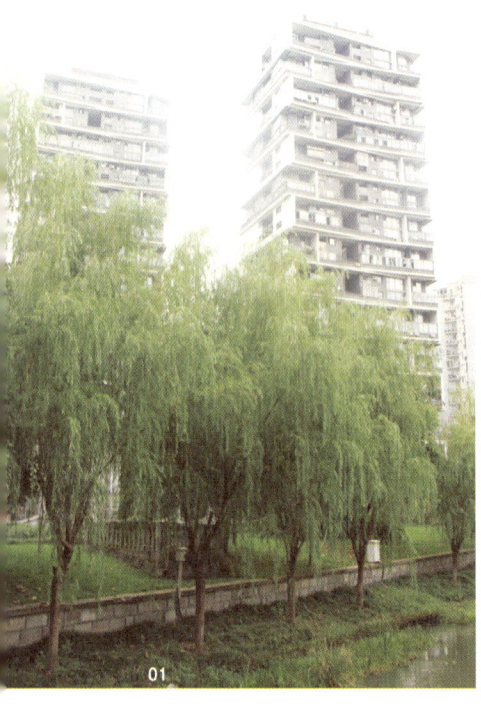

01 점식 배치의 전강시대 아파트. 첸탕강을 끼고 있는데, 강물이 많이 말라 보인다.
올 여름 염장군이 심술을 부리고 지나간 흔적이다.

02 판식 배치의 전강시대 아파트 정면.
수직으로 난 교차점이 마치 대자리를 짜서 펼쳐 놓은 느낌으로 이어진다.

02

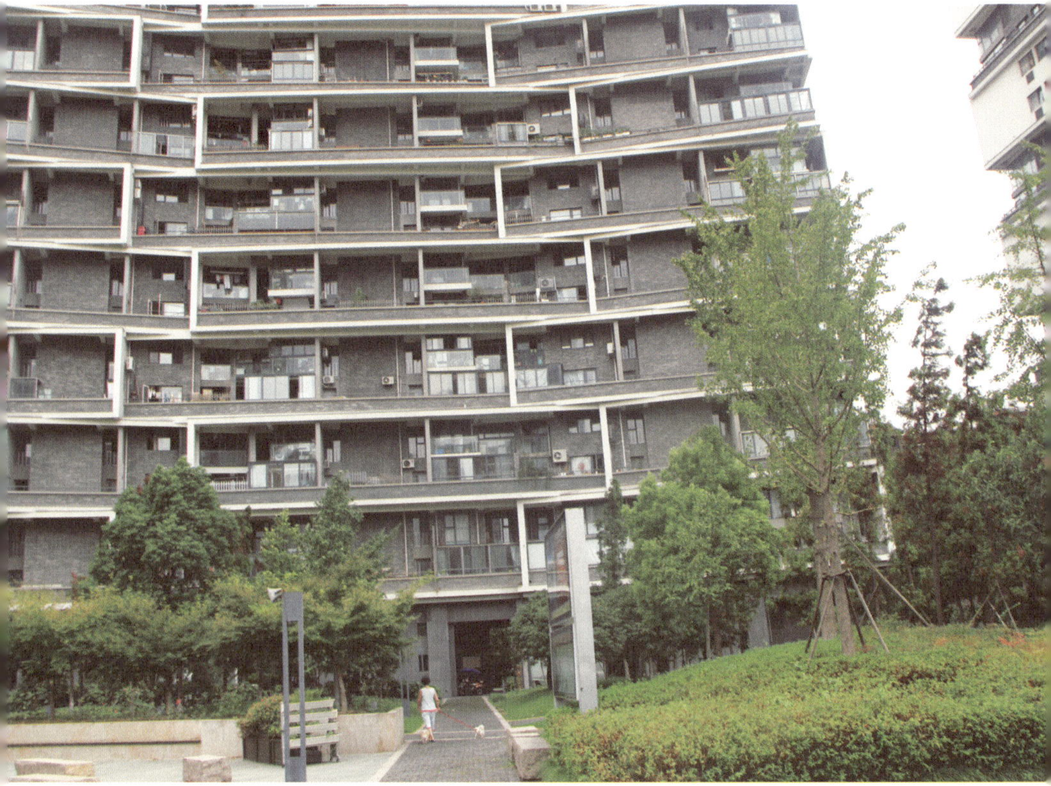

아파트를 짓게 한다. 뉴욕, 로스앤젤레스, 라스베가스를 섞으면 그게 상해다."

    2012년 프리츠커상의 메시지를 조금이나마 헤아릴 수 있게 한다. 닝보와 항저우에서 직접 만난 왕슈의 건축물은 그의 수상이 분명 인류 역사의 흔적을 파괴하고 새로 짓는 데 혈안이 된 중국과 세계에 주는 '경고 메시지'라는 확신이 들었다.

전강시대 아파트에서
현지의소감

    내가 어려서부터 살고 있는 베이징 왕징에는 각종 디자인과 색깔의 예쁜 아파트들이 많다. 아파트 디자인에 대한 나의 관심은 이래서 생긴 듯하다. 그래서인지 전강시대 아파트는 여행을 떠나기 전 가장 기대했던 건축물이기도 했다. 프리츠커상을 받은 건축가가 지은 아파트는 과연 어떤 디자인일까 하고 말이다. 일단 아파트가 네모 반듯하지 않고 복층의 주택을 층마다 얼기설기 상자처럼 규칙적으로 쌓아 놓은 것 같은 설계 구도부터 눈에 띄었다. 전강시대 아파트를 보고 난 후 갑자기 우리 집 옆의 '동호만'이라는 아파트 단지가 생각났다. 그 건물을 처음 봤을 때 웅장하다는 생각이 들었다. 멀리서 보기만 해도 뭔가 세련됐고

방값이 비쌀 것 같다는 생각을 했었다. 하지만 전강시대 아파트는 동호만 아파트 단지에서는 찾아볼 수 없는 또 다른 매력이 있었다. 그건 바로 '자연'이라는 소재였다. 동호만은 타일 벽이라서 아마 시간이 지나면 그 건물은 낡고 오래돼 보일 것 이다. 하지만 전강시대 아파트는 세월이 가도 그 소재가 자연이기에 변함없는 신선함을 줄 것이다. 그래서 이 건축물들을 본 이후, 꼭 친환경적인 건축물을 지어야겠다는 결심을 다시 한 번 다지게 되었다.

2부
두 번째 여행을 떠나며

제발 뼈대만이라도 만나 볼 수 있게
해달라는 기도가 하나님께 상달되었나 보다.
뼈대뿐만 아닌 살점에 피부까지 잘 보존된 닝보 텅터우 파빌리온의
모습이 차창 안으로 들어오게 되자, 나와 딸아이는 환성이 절로 나왔다.
남편한테 핀잔 맞지 않아도 된다는 것이 얼마나 큰 기쁨인지,
내가 아니면 아무도 모를 것이다.

첫 번째 왕슈 건축 테마여행을 마친 지 석 달이 지났다. 두 번째 왕슈 건축 테마여행은 딸아이가 기말고사를 막 마친 후인 12월 크리스마스가 다가올 무렵에 이루어졌다. 아이가 아직 방학을 하지 않아 주말을 이용해서 상해, 쑤저우, 난징에 있는 왕슈의 작품들을 만나 보기로 했다.

상해에는 2010년 엑스포 때 건립한 닝보 텅터우 파빌리온이 있고, 쑤저우에는 쑤저우 대학교 원정학원 내 원정도서관, 난징에는 라오산 국립 삼림 공원 내에 산허자이가 있고, 화차오 빌딩도 있다. 지난 첫 번째 여행 때 만난 작품들은 왕슈가 건축가로서의 자기의 위치를 굳히게 된, 성숙한 시기의 작품들이라면, 이번 여행에서 만날 작품들은 비교적 초창기의 작품들로 그중에는 1985년 대학졸업 무렵 지은 화차오 빌딩도 있다.

우리는 제대 날짜를 기다리는 군인처럼 달력에 동그라미 표시를 해 놓고 두 번째 왕슈 건축 테마여행일을 기다렸다. 첫 번째 여행을 떠날 때보다 마음은 편하고, 첫 번째 여행에서 기대 이상의 감동과 보람을 느꼈기 때문에 두 번째 여행에 대해서도 적잖은 기대를 건다. 지난 여행 때 애물단지였던 트렁크를 이번엔 과감히 생략하고 배낭 하나씩만 짊어지기로 했으니, 몸도 더욱 가벼워진 여행이다.

20일 상해로 출발하여 지인의 집에서 하룻밤 신세를 지고, 토요일인 다음날 아침 상해 엑스포장에 가기로 했다. 지하철역 근처에서 점심을 먹고 쑤저우로 출발, 원정학원 도서관을 보고 나서 난징으로 출발, 난징에 있는 지인의 집에서 또 하룻밤을 신세지기로 했다. 마지막 날 아침 라오산 국립 삼림 공원에 위치한 스팡 예술구에서 산허자이를 감상하고, 화차오 빌딩도 한 번 둘러보기로 했다.

그런데 이럴 수가! 2010년 상해 엑스포 이후 닝보 텅터우 파빌리온은 닝보 텅터우촌으로 이관된다는 정보를 여행 떠나기 하루 전날에야 〈왕슈 건축지도〉에서 보았다. 그렇다면 지난 닝보 여행 때 들렀어야 한다는 말이 된다. 어이가 없었다. 다급한 마음으로 바이두에서 검색을 해 보니, 아니나 다를까. 현 엑스포장에는 대부분의 전시물들이 철거되고 이탈리아관과 사우디관 정도만 남아 있다는 것이다. 닝보 텅터우촌을 검색해 보니, 닝보 텅터우 파빌리온의 이미지 두 개가 떡하니 떴다. 건물을 만나러 가는 것은 사람을 만나듯 약속 장소를 변경할 수도 없는 노릇이다. 이번 여행에 열차표를 예약하고 지불하는 수고를 치러 준 남편이 알면 분명히 무슨 일이든 주도면밀 하지 못하여 생긴 일이라고 핀잔을 줄 게 뻔한데, 여행 출발부터 기분을 망치고 싶지는 않았다.

출판사에 전화를 해서 독자에게 건물의 소재지에 대한 모호한 정보를 제공하여 여행일정에 혼선을 빚었다고 항의를 했더니, 〈왕슈 건축지도〉가 출간될 때까지만 해도 분명히 상해 엑스포장에 있었고, 지난 11월 상해 엑스포장에서 닝보 텅터우 파빌리온을 본 사람이 주위에 있다는, 애매하지만 그래도 희망 섞인 말을 해 준다. 상해행 열차표는 이미 예매를 해놓은 상태이고 상해에서 쑤저우로 출발해야 하는 우리의 일정에 차질이 빚어질 위기였지만, 제발 뼈대만이라도 남아 있어 달라고 기도하는 마음으로 우리의 두 번째 왕슈 건축여행을 감행했다.

01
상해에서

재활용 기와벽돌과 대나무 벽의 앙상블 **닝보 텅터우 파빌리온**(2010)

중국 저장 닝보 텅터우 파빌리온은 세계에서 유일하게 상해 엑스포 농촌 마을 실천사례에 선정되었다. 닝보 텅터우촌은 닝보시 펑화현의 이름난 농촌 마을로, 중국 농촌 마을의 전형적인 개발 실태를 보여 주는 촌락이다. 인구는 많지만 토지는 부족하고 전통적인 가옥들이 철거되고, 미국식 전원 별장이 들어섰다. 전통적인 마을 구조가 완전히 와해되기에 이르렀다.

왕슈는 텅터우촌이 지닌 문화의 미래와 방향이 곤란한 상태에 이르렀음을 보았다. 농촌 마을의 기획, 사회구조와 문화의 방향, 촌락 건설의 생태적 방법이라는 네 가지 기조 위에 본 프로젝트가 진행되었다. 닝보 텅터우촌은 유엔이 선정한 세계 생태마을 500곳 안에 들었으며, 중국의 허다한 농촌 마을의 본보기가 되었다.

닝보 텅터우 파빌리온은 상해 엑스포 도시화 실천 최우수 사례 구역 중 북부에 위치해 있으며, 총 건축 면적 394㎡에 4000여 만 위안의 자금투자로 제작되었다. 폭 20m, 길이 53m로, 새롭게 건설할 농촌 주택의 부지 면적으로 가정하고 만든 파빌리온이다. 이는 저장성에서 현재 실시하고 있는 10m×10m에 달하는 단독 가구의 부지와는 다르다. 더 큰 부지는 더 많은 가구를 수용할 수 있을 것이다. 좁고 기름한 형상은 다양한 형태의 뜰 구조를 형성할 수 있다.

　새로운 주택 형태의 1층은 가내공장, 창고, 소형상점 등의 용도를 상상한 것이고, 2층과 3층은 주거형태이다. 많은 인구와 좁은 토지 면적으로 인해 생기는 갈등의 돌파구로 '토지의 50%에 대한 녹화 방안'을 제시했다. 콘크리트 기술 제공의 가능성을 이용했다. 2층 뜰 중

01 우리 일행을 반갑게 맞는 닝보 텅터우 파빌리온의 자태. 닝보 박물관의 외벽 소재를 그대로 가져다 썼음을 한 눈에 알 수 있었다. 작은 닝보 박물관 같다.

01 닝보 텅터우 파빌리온의 슬로프. 파빌리온 내부를 자유롭게 돌아다닐 수 있는 건축적인 동선이며 장애우를 배려한 작가의 의도도 엿보인다. 대나무 줄기를 사선으로 엮은 난간. 대나무는 시간의 경과와 함께 현층 분위기를 더해 가는 건축재료이다.

01

02

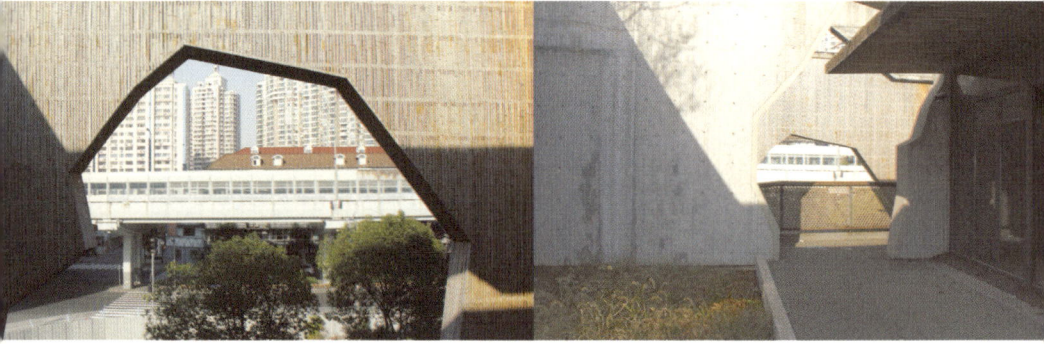

01 파빌리온의 북쪽 벽구멍이 나무와 고가도로와 고층 건물들이 어우러진 외부 경관을 자연스럽게 끌어들이고 있다. 동굴 안에서 문명 세계를 보는 기분이라고 할까.

02 닝보 텅터우 파빌리온 내부에서 북쪽면을 향하여. 각기 다른 모양의 벽 구멍의 중첩과 음영으로 묘한 기운이 감돈다.

03 닝보 텅터우 파빌리온의 남쪽면을 향하여.

04 상해 엑스포 개최 기간 중에는 자연체험 코너가 된 2층 중앙부. 모, 꽃, 채소들이 심어져 있었던 곳이다. 폐벽돌과 대죽순 자국의 벽면이 조화롭다.

03

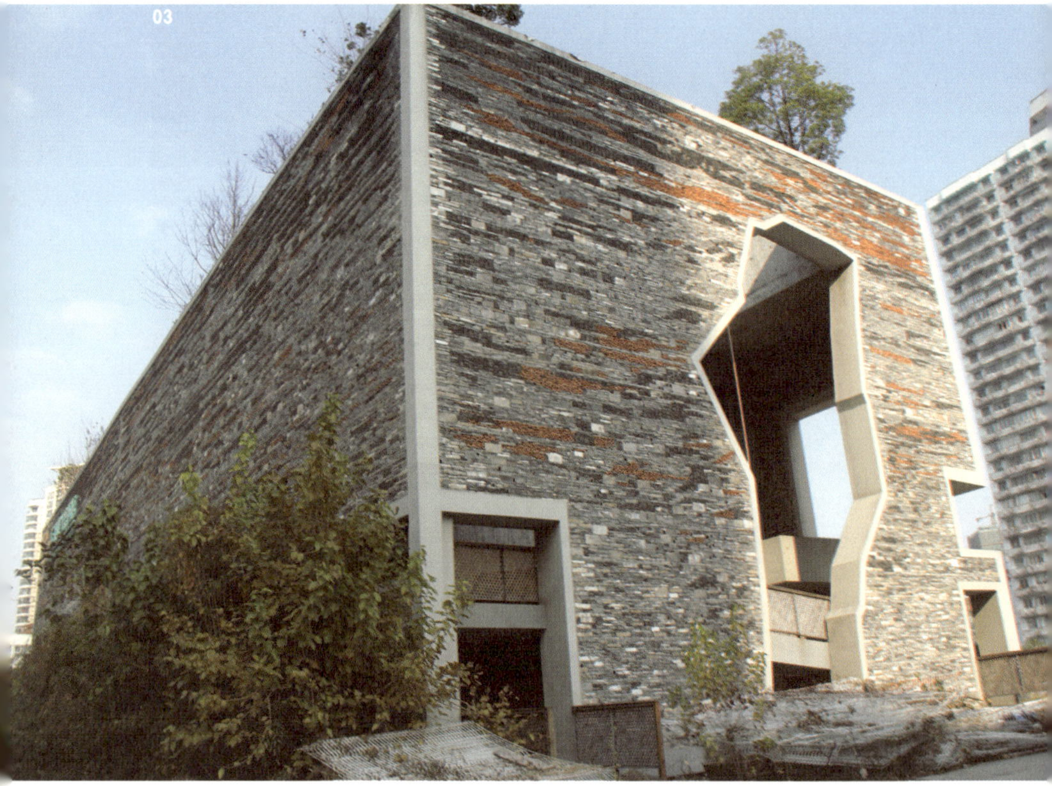

앙부에 모, 채소 등 농작물을 심어 옥상 전체를 푸르름으로 가득하게 하고, 1.5m 깊이의 토양층에 높고 큰 교목을 심을 수 있게 했다. 깊은 그늘이 태양빛을 가려 주고, 옥상의 녹화도 단열 기능을 더한다.

 농촌 문화의 방향성 상실의 현상은 전통문화의 자신감 상실에서 비롯된 것이다. 본 사례의 공간 형태는 명대 화가 천홍서우의 산수화 기법에서 착안한 것이다. 실질적으로는 자연에 대한 깊은 사색과 감성에서 나온 일종의 자연 형태에 대한 기하학적 이해를 바탕으로 한 새로운 건축 언어이다. 건축물의 외형은 간단하고 방정하지만, 그 역량은 내부 공간과 공기의 유동 및 자연과의 특수한 융합 방식에서부터 나온다. 바람이 일련의 자연 구멍을 통과하여, 한 덩어리의 깊은

그늘에 가리운, 태양 아래 심어진 모의 평온한 전원으로 든다.

　외형을 우선시하자는 생각에 반대하는 이러한 관념도 설계상에 체현되어 있다. 이 설계 방안 역시 사실은 11개의 단면 스케치에서 시작된 것이다. 이처럼 자연에 접근하는 태도는 건축 재료와 방법, 건축 구조와 콘크리트 재료에 체현되어 있다. 이것은 현재 중국의 가장 경제적인 건축 방식이다. 철거 중인 중국 전통의 건축물로부터 재활용한 기와벽돌과 콘크리트를 결합하여 사용한 것이며, 왕슈 특유의 건축 방식이다. 텅터우촌이 소재한 저장성 동부가 태풍 재난 후 신속히 중건한 전통에서 발원한 것이다.

　건축가의 구조적, 미학적 승격을 거쳐, 폐기와와 폐벽돌들이 그 가치와 존엄성을 회복하기에 이르렀다. 그것은 콘크리트 사용에 반향적으로 영향을 주어, 건축가가 죽순대를 시멘트 거푸집으로 사용하여, 콘크리트로 하여금 일종의 자연적 감성을 지니게 했으며 표본용 재료 역시 건물의 표피로 사용되었다. 건축을 지속할 수 있는 동시에 미학적 추구를 충분히 체현했다. 기와조각과 콘크리트가 결합된 두꺼운 벽 역시 경제성과 효율성을 살린 보온단열 수단이다.

　새로운 농촌 마을의 가옥 건설에 대한 착상은 닝보 텅터우 파빌리온의 배후에 숨겨 있다. 엑스포 내에 위치한 하나의 파빌리온으로서 지닌 가장 큰 특징은 2층의 개방식 화원의 설계에 있다. 그것은 건축 내부에 위치한 외부라고 말할 수 있다. 이것은 중국의 전통적 건축법이 지닌 가장 두드러진 특징이다.

　공간은 크게 세 부분으로 이루어져 있다. 하부에는 휴식처와 작은 무대, 기계실, 화장실 등이, 상부에는 세 개의 전시실이 있으며, 옥상

01 북쪽에 난 벽 구멍. 가느다란 대나무 거푸집을 사용했다.

01 굵은 대나무 거푸집을 세로로 찍어 연출한 내벽과
　 가느다란 대나무로 이루어진 내벽의 조화.

에는 복토와 나무들이 있다. 1층부터 2층까지의 공간을 연속적인 통로로 설계하여 중국 원림 전통을 모티브하였을 뿐만 아니라, 살 수 있고, 볼 수 있고, 놀 수 있는 건물이 되게 했고, 장애우 또한 배려했다.

텅터우가 영조한 '경치를 배경으로 한 농촌 마을, 경치를 안은 도시'의 생활 양식은 생태적인 여행, 여행을 통한 생태 양성의 특색 있는 경제 발전의 경로를 성공적으로 실현했다. 이는 중국 농촌 마을의 도시화에 있어서 보편적인 의의를 지닌다. 텅터우 파빌리온은 외관상으로 보면 상하 복층 구조의 고색창연한 중국 강남의 민가이다. 상해 엑스포 개최 기간에는 관내에 자연계의 소리, 자연의 체험, 생동감 있는 영상, 상호작용을 위한 사인 코너 등을 안배했다.

자연계의 소리의 창의적 아이디어는 중국의 독특한 24절기 문화에서 따온 것으로, 관람객들이 관내에서 각기 다른 절기의 자연의 소리를 들을 수 있게 했다. 자연 체험 코너에서는 텅터우촌의 생태환경을 느낄 수 있고, 짙은 향토 분위기를 체험할 수 있게 했다. 도시 파빌리온 중에서도 가장 위쪽에 정성스레 지어진, 도시의 자연이 아닌 자연 그대로의 모습을 느낄 수 있게 한 유일한 공간이다.

상해 엑스포 개최 중에는 푸릇푸릇한 녹음이 에워싼 텅터우 파빌리온에서 수족관의 많은 물고기들을 감상할 수 있었다. 신발싸개를 하고 관내에 누워 심신을 이완하면서 닝보의 자연을 감상할 수 있게 해 놓은 영상물도 있었다. 닝보 텅터우 파빌리온이 지닌 진수를 맛볼 수 있던 시기를 아깝게 놓쳤지만, 그것이 프리츠커 수상자의 작품 중 하나가 되어 관람하게 된 것도 기회이리라.

딸아이가 기말고사를 마치고 집에 돌아오기가 무섭게 점심도 먹이는 둥 마는 둥 가혹하리만큼 급하게 기차역으로 향했다. 열차 안에서 딸아이는 내내 자기방 침대에 누운 듯 잠만 자다가 저녁 식사 무렵에야 시장기가 도는지 가늘게 눈을 떴다. 컵라면과 햇반, 삶은 계란과 방울토마토로 열차 안에서 먹을 수 있는 최대한의 풍성한 저녁 식사를 했다.

베이징 남(南)역에서 까오티에를 탄 지 다섯 시간 만에 상해 홍차오역에 도착했다. 상해 해양대학교 한국어과 황 교수가 남편과 차를 몰고 마중 나와 있었다. 중심가에서 1시간 정도 떨어진 황 교수의 집에서 하룻밤을 신세 지게 되었다. 마침 크리스마스도 다가오는지라 한국 매듭이 달리고 칠보가 박힌 USB와 한국 로션 세트를 선물했는데, 예상보다 더 기뻐하며 받아 주니 선물하는 사람의 기쁨도 배가가 되었다. 아침 식사로 한국 찐빵과 우유, 함경도식 순대와 풍성한 과일을 대접 받았다.

면허를 딴 지 얼마 안 되었다는 황 교수의 남편은 내비게이션의 도움을 받으며 조심조심 차를 몰아 상해 엑스포장 E구역에 위치한 닝보 텅터우 파빌리온을 찾아냈다. 제발 뼈대만이라도 만나 볼 수 있게 해 달라는 기도가 하나님께 상달되었나 보다. 뼈대뿐만 아닌 살점에 피부까지 잘 보존된 닝보 텅터우 파빌리온의 모습이 차창 안으로 들어오게 되자, 나와 딸아이는 환성이 절로 나왔다. 남편한테 핀잔 맞지 않아도 된다는 것이 얼마나 큰 기쁨인지, 내가 아니면 아무도 모를 것이다.

닝보 텅터우 파빌리온은 곧 다른 용도로 리모델링 되려는지, 사방이 철조망으로 둘러싸이고 건축 자재들이 여기저기 널브러져 있었다. 건축 자재 중에서 특히 굵디 굵은 대나무들이 많이 눈에 띄는 것이, 건물이 지닌 본래의 성격과 의도를 많이 해치지 않는 범위에서 리모델링 되려나 보다 생각했다. 우리는 인부들이 드나드는 양철 문이 조금 열린 기회를 타고 철조망에 갇힌 닝보 텅터우 파빌리온으로 가까이 다가갈 수 있었다.

육중하게 생긴 카메라를 메고 이리저리 구도를 잡으며 셔터를 눌러대는 우리에게 인부들은, 어디서 왔느냐, 누구 허락 받고 들어왔느냐 물을 생각도 않는다. 완장심리라고는 조금도 찾아볼 수 없고, 그저 덤덤한 시선을 보내다 말 뿐이다. 그동안 우리 같은 사람들이 많이 다녀가서 적응이 되었는지도 모르겠다. 남녀 할 것 없이 체구들이 왜소하고 기질 자체가 순해 보이는 장인들의 모습에 우리는 편안한 마음으로 파빌리온으로 진입해서 넉넉한 감상의 시간을 가졌다.

폐벽돌과 폐기와로 이루어진 외벽의 색상은 원래 그대로인 듯했지만, 내부 대나무 재료들의 색깔은 세월이 지난 흔적이 고스란히 배어 있었다. 온도와 습도, 채광의 정도에 따라 대나무 거푸집의 빛깔도 천차만별이 되었다. 대나무 그대로의 개성과 매력을 소박하면서도 잔

01 파빌리온의 남쪽 벽구멍이자 출입구이다. 겹겹의 가로막이 벽들을 한 번에 즐길 수 있다.

잔히 발산하여 따로 인테리어가 필요 없는 내부 모습이다. 또 하나 눈에 띈 것은 굵은 대나무 거푸집을 세로로 찍어낸 내벽의 모습이다. 닝보 박물관에서 물결치던 내벽이 떠올랐다.

  22년 전 항저우에 도착한 25살의 신장 우루무치 출생의 서북 사람은 중국 강남의 산수에 한눈에 반해 정착을 결심한다. 그가 바로 왕슈이다. 90년대에 중국 건축이 기형적으로 번영하던 중, 많은 건축가들이 대규모 토목공사를 하며 일확천금을 꿈꾸고 있을 때, 왕슈와 그의 동료 건축가이자 아내인 루원위는 항저우에서 은거하며 6년이라는 세월을 보냈다. 당시 중국 건축계는 급속도의 대량적 건조로, 혼란에 빠져 있었고, 건축가에게는 생각할 여유조차 없었으며, 그가 바라는 바는 '생각 있는 건축가'가 되는 것이었다.

  요 몇 년 중국 미술학원 쌍산 캠퍼스, 닝보 박물관, 항저우 중산로 남송어가, 상해 엑스포, 닝보 텅터우 파빌리온 등 왕슈의 손에서 나온 하나하나의 건축 설계가 대중의 시야에 들어가게 되었다. 그의 건축물은 소박하고 깊고 의미심장하며 함축적인, 마치 인간의 마음의 율동을 타고 세워진 것 같다. 독특하고 까마득하다. 왕슈의 생각은 뿌리를 내리고 꽃을 피우고 있다. 순환 이용이 가능한 것이야말로 가장 좋은 생태의 노래이다.

  상해 닝보 텅터우 파빌리온은 최후로 입안된 항목이지만, 제일 먼저 완공된 전람관이다. 왕슈는 그의 생태 이상을 표현하기 위해 기와벽으로 텅터우 파빌리온의 세 면을 장식했다. 기와벽은 닝보의 쌍산, 인저우, 펑화 등지의 크고 작은 촌락에서 수집한 50여만 조각의 낡은 기와로 만든 것으로, 원보전, 용골전, 용마루전 등 기왓장마다 무려

01 닝보 텅터우 파빌리온 내부의 한 모퉁이. 닝보 박물관처럼 '폐벽돌'과 '폐기와'라는 소재가 절묘하게 조합하여 만들어 낸 작품이다.　02 중국 미술학원 쌍산 캠퍼스에서 본 비탈진 통로 대나무 난간의 패턴이다.

100살이 넘는다. 이런 기왓장으로 벽면을 마감하는 기술은 명청 시대 저장성 동부에서 왔다. 당시는 건축 재료가 부족하여, 보통 장인들은 대부호들이 쓰다 버린 자질구레한 기와와 벽돌 조각으로 담을 쌓았다. 이리하여 기와벽이라는 민간 전통 공예가 생겨난 것이다.

텅터우 파빌리온의 북쪽 외벽은 대나무를 되살려 거푸집으로 사용한 시멘트 벽이다. 한줄기 한줄기 수직으로 난 죽순대의 자국이 전 시멘트 벽을 뒤덮고 있다. 가만히 보고 있으면 대나무 뗏목 같고 참신하다. 생태 재료를 사용하여 건축하는 것은 왕슈에게 있어 닝보 텅터우 파빌리온이 처음이 아니다.

중국 미술학원 쌍산 캠퍼스 건축 중 왕슈는 건축 재료 측면에서 다른 새로운 방법을 창안했다. 당시에 왕슈는 신형 재료가 부단히 출현하는 건축시장에 눈 돌리지 않았다. 낡은 벽돌과 버려진 기와, 즉 이미 유기된 건축 쓰레기들에 시선을 고정하고 건축재료로 삼았다.

닝보 텅터우 파빌리온에서 현지의 소감

여행을 떠나기 전에 철거된다는 소식을 듣고 아쉬웠다. 하지만 상해에 도착한 후 비록 내부 전시물들이 사라진 후이고 이미 공사에 들어간 모습이기는 했지만, 닝보 텅터우 파빌리온의 전체적인 윤곽은 그대로 살아 있어서 상해에 온 보람을 느꼈다. 닝보 텅터우 파빌리온 역시 닝보와 항저우에서 본 건축물들처럼 딱 봐도 왕슈의 작품임을 알 수 있었다. 그의 건축물에는 자연이 담겨 있다. 시멘트 벽조차도 대나무로 하나하나 정성스럽게 찍어낸 자연의 자국이 있다. 참 인상적이었다. 닝보 텅터우 파빌리온 안에 있는 내내 대나무숲 속에 있는 느낌이었다. 회색빛 대나무, 황토빛 대나무, 녹황빛 대나무, 적록색 대나무 등 빛깔도

굵기도 다양한 대나무들의 연출로, 있는 내내 즐거웠다. 대나무 줄기를 가느다랗게 쪼개 엮은 난간을 낀 비탈길과 불규칙하게 뚫린 칸막이 벽 구멍들을 통과하는 느낌이 놀이공원에라도 온 듯 재미있었다.

02
쑤저우에서

산수와 원림이 한곳에 **쑤저우 대학 원정학원 도서관**(1999−2000)

쑤저우 대학 원정학원 도서관은 왕슈가 건축가로서의 명성을 떨친 초기 작품 중의 하나이다. 왕슈의 '어떻게 해야 사람이 산과 물 사이의 건축물에 살게 할까?' 하는 생각과 쑤저우 원림의 조림 사상이요, 왕슈가 설계한 원정학원 도서관의 심오한 사상적 배경이 담겨 있다.

정원 건축 전통에 따르면, 산수를 배경으로 한 건축이야말로 돌출을 자제해야 하기에 원정학원 도서관 거지반의 체적이 반지하로 처리되었으며, 북쪽에서 보면 3층의 건물이 2층밖에 안 된다.

건물 부지의 북면은 산이 두르고 있고 죽림이 우거진다. 원래 폐벽돌 처리장이었던 곳이 변하여 호수가 되었고, 남면은 호수와 잇닿아 있다. 남쪽은 낮고 북쪽은 높은 산비탈이다. 고도 차가 4m이다. 남북향은 깊고 얕으며, 동서향은 물로 경계를 이룬다. 좁고 긴 곡절이다. 직육면체형의 주 건물은 물 위에서 바람이 나부끼며 남북 방향을 따라 통과한다. 이 방향은 무더운 여름에 바람이 지나는 주 방향이다. 강조할 만한 것은 이렇게 통과하는 통로가 산에서부터 물에 이른다는 것이다.

  네 개의 작은 건물들은 주 건물에 비해 규모면에서 차이가 나지만, 서로 규모를 변경할 수 있음은 중국 전통 조림 기술의 진수이다. 문인의 시각으로 볼 때, 작은 건물들은 더욱 중요하다. 예를 들면, 호수 위의 정자와 같은 건물, 시가와 철학을 열람하는 도서관은 바로 중국 문인을 둘러싼 세계를 바라보는 관점이며, 사람과 자연생태가 평행을 이루는 지점이다. 용지 면적은 4,000㎡, 건축 총 면적은 9,600㎡에 이르

01 원정학원 도서관의 원경. 수면에 두둥실 떠오른 듯, 인저우 공원 호수에서 본 오산방 찻집을 떠올린다. 전통과 현대가 혼연일체 융합된 한 폭의 산수화이다.

01 도서관의 서쪽 면.

2부 두 번째 여행을 떠나며

02 정자에서 찍은 원정 학원 도서관의 동쪽 면. 하얀 상자 몇 개가 물 위로 튀어오르는 느낌이 재미있다.

01

02

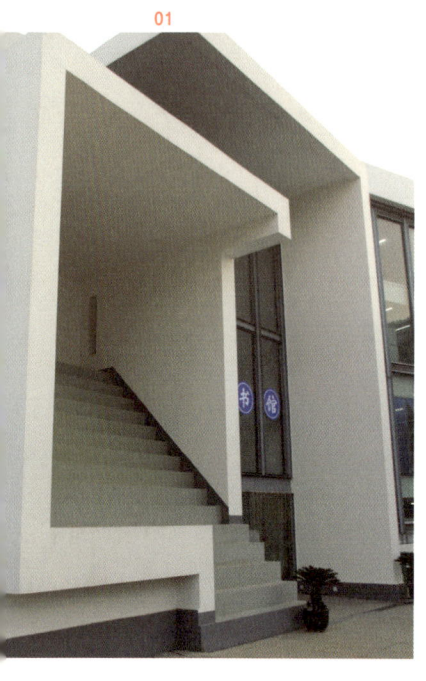

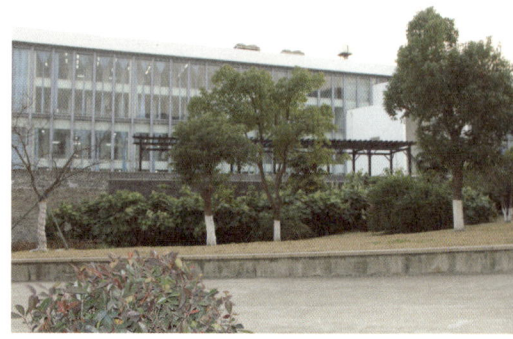

01 도서관 입구. 내키는 대로 쌓아 놓은 입체도형처럼 보인다. 02-03 도서관 북쪽 면과 남서쪽 면.
04 열람실의 모습. 남쪽 면의 채광을 유도하고 물과 연하여 안정적으로 책을 볼 수 있게 했다.
05 물결이 반사하는 맑고 파란 호수 위의 하얀 도서관 전경이다. 큰 개방형 창을 활용했다.

05

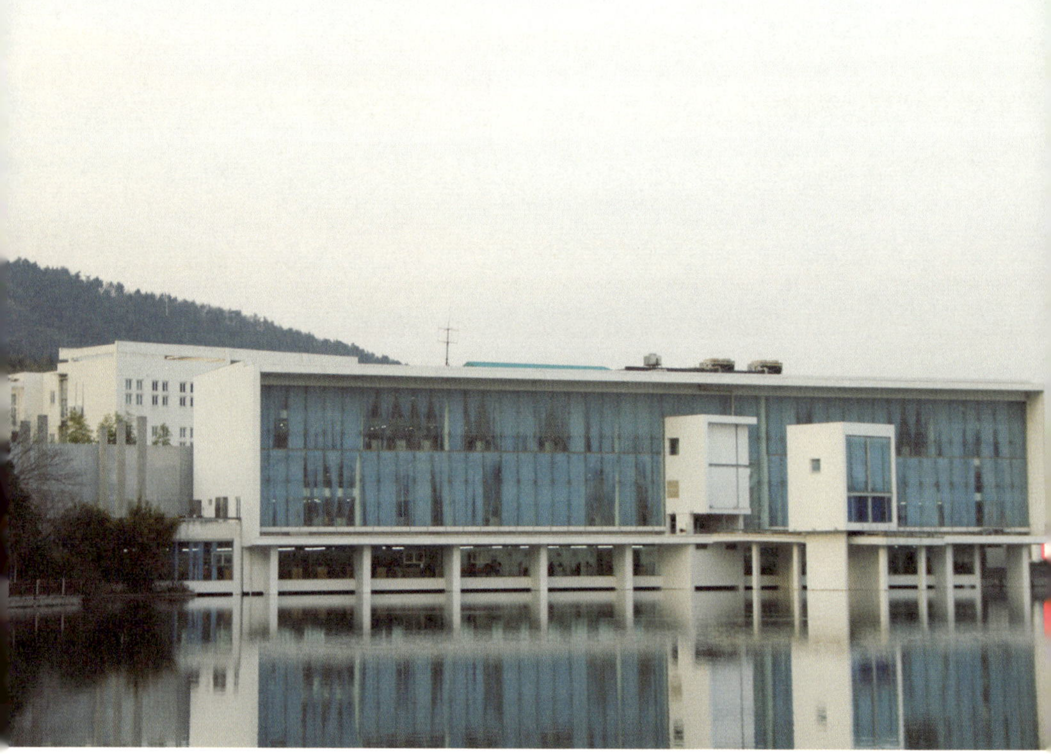

며, 6개의 도서열람실과 기간지 열람실, 특별 소장도서 열람실, 전자 열람실이 있어 학생들에게 인터넷과 열람, 컴퓨터 과정 학습 등의 서비스를 제공한다. 쑤저우 외곽인 우종구 월계 취웨이 호수 변에 위치하고 있다.

상해 홍차오 역에서 까오티에를 탄 지 32분만에 쑤저우 역에 도착했다. 까오티에야! 정말 고맙다. 쑤저우 역사는 독특한 중국식 건물에 깔끔하고 고급스러운 분위기를 자아냈다. 원정학원 도서관이 쑤저우 대학에 있는 것은 알고 있지만, 그게 본부에 있는지 분교에 있는지의 상세한 정보까지는 알지 못했기에 역사 앞에서 동분서주 하며 행인에게 물었더니 대답해 주는 사람마다 족족 버스 노선이 다르다.

어리벙벙한 타지인의 허점이 여실히 노출되고 헤이처(불법 개인 택시) 기사의 직업적인 시선에 잡혔나 보다. 몇 명이 다가와서 호객행위를 한다. 어디서든 호객행위를 하는 모습은 눈살을 찌푸리게 하지만 아쉬운 사람은 나인지라 못 이기는 척 70위안에 흥정을 하고 원정학원 도서관

01 남서쪽에서 본 원정학원 도서관. 직선과 평면으로 구성된 기하학적 건축에 대비를 이루는 것은 역시, 나무, 흙 등 자연 소재이다.

까지 가기로 했다. 더 이상 해가 떨어지면 건물 감상도 사진촬영도 순조롭지 않을 뿐만 아니라 난징 행선에 차질이 생길 것 같아서 못내 조바심했다. 운전 기사는 양저우가 고향이라는데, 눈이 크고 선하게 생긴 아주머니였고 제법 표준말을 구사하는 점이 마음에 들었다. 우리가 건물을 감상하는 동안 기다려 주었다가 다시 쑤저우 역사까지 데려다 주기로 했다.

쑤저우 외곽에 위치한 원정학원 도서관까지 30분 정도 달리는 동안 2007년에 쑤저우 원림 여행을 왔을 때보다 공기가 많이 나빠졌다는 생각을 했다. 환경오염의 폐해는 지구 안에 존재한다면 어디나 비켜 갈 수 없는, 천혜의 도시조차도 예외일 수 없는, 그래서 누구나 주인의식을 가지고 해결해야 하는 전 지구적인 문제다. 집을 짓고 도시를 설계하는 직업을 가진 사람이라면 책임감을 느껴야 할, 더욱 직접적으로 와 닿는 사안이다. 옆에 앉은 미래의 건축가를 꿈꾸는 딸아이에게 앞으로는 멋있는 건물보다 환경을 살리는 건물을 짓는 데 중점을 두어야 한다고 말해 주었는데, 그리 주제 넘는 말은 아니겠지 싶다.

본래 학생증을 소지해야 진입할 수 있는 도서관 내부로의 진입을, 왕슈 건축 기행산문을 쓰기 위해 멀리 베이징에서 왔고 원정학원 도서관도 그 책의 소중한 일부분이 될 거라고 했더니 흔쾌히 허락해 주었다. 그뿐 아니라, 원경을 찍을 수 있는 좋은 위치를 과분할 정도로 친절하게 안내해 주었다.

몇 개의 작은 상자 같은 건물이 마치 튀어 오르는 듯한 포즈가 동적이면서도 정적으로, 대자연과의 화합과 공존을 추구하고 있다. 왕슈는 한때 손안에 목재 상자를 놓고 간닥대는 놀이에 빠졌다. 여섯 개가

01 도서관 관리동. 창가에 달린 블라인드가 호수 빛이다.

연이어 구르며 서로 충돌하거나 부딪히고, 면이 합쳐져 사각대는 소리를 낸다. 그 후 탁자 위에 나타난 것은 겹겹이 쌓이거나 흩어져 떨어진 여섯 개의 정육면체이다. 원정학원 도서관의 모습이 바로 그렇다. 몇 개의 작은 입방체가 심지어는 큰 상자의 겹겹의 속박을 끊어 버린다. 마치 고치를 빠져 나오는 한 마리 나비처럼 일종의 '복잡한 건축, 간단한 도시'가 완성되는 것이다.

오공산은 왕슈가 항저우에 은거하며 이곳저곳 산책할 때 발견한 산이다. 그 작은 산상에 주거지역이 있다. 곧 철거되고 이주해야 할 집들이다. 그곳은 항저우 시 중심의 최후의 촌락이었다. 왕슈는 오공산 촌

01

02

01 도서관 진입 비탈길. 캠퍼스 입구와 도서관 입구를 밀접하게 연결하고 있다. 닝보 미술관의 진입 통로를 연상케 하는 왕슈식 작품 패턴이다. 비탈길 양쪽 벽을 폐벽돌로 마감해서 동굴 속으로 들어가는 느낌을 준다.
02 도서관의 남쪽 면이 수면에 걸쳐 있어서 도서관의 주 출입구의 위치는 북쪽 광장 쪽을 선택했다.

민 거주지역을 항저우 천연의 건축학 학습의 장으로 만들겠다고 하고는, 학생들에게 과제를 내 주었다. 일주일 안에 이 촌락의 건축을 위한 일반 배치도를 그리라는 과제였다. 학생들이 직접 가서 주동적으로 발견해 내야 하는 주제였다.

한 조의 학생들이 제출한 과제는 왕슈로부터 호된 비판을 받았다. 내용이 부실할 뿐만 아니라 불확실하다는 것이다. 가옥과 가옥 사이가 모호했고, 하나의 색덩어리에 불과하여 뭐가 뭔지 알아볼 수가 없었다. 가옥 안에 거주하는 것은 사람이고 너무나 구체적이라는 것을 알아야 한다. 하나하나가 흐리멍덩하지 않은 사람이라는 것, 그들과의 관계에 대해 냉담해서는 안 된다는 것, 설계도 안에서 도무지 사람이 살아가는 흔적을 알아볼 수 없다는 것이 혹독한 비평의 이유였다.

"그곳을 자기 고향으로 삼아라. 기억을 되찾아라. 여행객처럼 관망하지 말아라. 기존의 설계도면을 모방하지 말아라. 더욱이 교수의 생각을 추측하려고 들지 말아라. 나는 내 강의가 하나의 일상이요, 예측불가의 것이 되길 원한다."

왕슈는 아주 독창성을 지닌 강의 방식을 마음에 두었다. 그는 수차

01 호수에 잇닿은 산기슭에 끝없이 펼쳐진 죽림.

례 돌아본 산책로에도 흥분하고, 전체를 벽돌로 쌓아 볼록해진 작은 공간만 봐도 하나의 의자와 건축 작품 하나를 상상한다. 여러 겹의 나무판을 이은 임시 거처 같은 것도 왕슈를 탄복시킨다. 오공산은 매일 변하고 있으며, 많은 건축가들이 왕래하고 중국의 가장 위대한 건축 철학을 배울 수 있는 곳이라 말한다. 신비로운 현실주의의 현장이라 말한다.

왕슈가 학생들에게 요구한 과제는 결국 사람마다 이 촌락에 자기 집을 설계하라는 것, 어디에 살 것인지 확정하라는 것, 그 집이 이 촌락에 생기는 동시에 일정한 관련이 생긴다는 것이다. 좋은 건축은 생활의 본질을 표현한다.

쑤저우 대학교에서
현지의 소감

　쑤저우에서 본 원정학원 도서관은 다른 왕슈의 작품들보다도 더 꾸 밈이 없었고, 호수 바로 앞에 위치해 있어서 시원시원하고 깔끔하다 는 느낌을 받았다. 상자 하나가 물 위에 꿋꿋하게 떠있는 느낌이다. 멀리서 보면 하얀 상자에다가 앞면을 파랗게 색칠해 놓은 것 같이 보 였다. 도서관, 산, 호수, 숲이 한 폭의 수채화처럼 어우러져 있었고 전혀 부자연스럽거나 어색함 같은 게 없었다. '자연의 선'과 '인간의 선', '자연의 색'과 '인간의 색'의 완벽한 조화였다. 원정학원 도서관은 가까이서보다도 멀리서 산과 호수와 그 사이의 숲이 잘 어우러진 모습 을 봐야 비로소 그 진수를 느낄 수 있다. 특히 멀리서 본 도서관의 에

메랄드 빛 커튼 색은 가까이서 본 것 보다 더 인상적이었다. 과연 저 에메랄드 색 말고도 저기에 어울리는 색이 있을까?

　호수에 비친 전경의 모습은 나를 또 한번 감탄하게 만들었다. 정말이지 눈을 뗄 수가 없어서 한참 동안 바라보았다. 뉘엿뉘엿 지는 태양의 노을 아래, 호수를 낀 대나무 숲 가를 걷는 기분은 매우 상쾌했고, 걸어도 걸어도 계속 걷고 싶었다. 쑤저우 대학교 원정학원 학생들은 좋겠다. 매일매일 이 낭만을 만끽하고 에메랄드 빛 꿈을 꾸며 학창시절을 보낼 테니까.

03
난징에서

건축과 공간의 연속성의 체현 산허자이(2003)

쑤저우에서 까오티에를 타고 한 시간 25분만에 난징 역에 도착했다. 남편의 대학원 동문인 판용후이와 장빙 부부가 마중을 나왔다. 2008년 결혼식 때 본 이후 가끔 문자로 소식을 주고받다가 5년 만에 얼굴을 맞대니 감회가 새롭다. 둘 다 변한 데가 없이 여전히 청년 같았지만, 장빙이 얼마 전 유산을 했다는 말에 가슴이 아팠다.

친정 부모님이 계시다고 해서 호텔로 갈까 생각했는데, 두 사람이 워낙 만류를 하는 바람에 철면피가 돼서 하룻밤 신세를 지게 되었다. 양쯔강 이남지역이라 누안치(난방설비)가 없어 집안은 쌀쌀한데, 장빙과 친정어머니가 서재에 지극정성으로 마련한 침상에서 따뜻하고 푹신하게 하룻밤을 보냈다. 거기다가 새벽 5시부터 달그락대며 아침 밥상을 차려 주시고, 오가는 길 입이 심심하지 않도록 주전부리 감도 한 보따리 챙겨 주시니 몸 둘 바를 모르겠다. 살다 보면 적절한 때에 은혜를

갚을 기회도 오겠지 생각하면서 감사한 마음을 전하고 장빙의 집을 나왔다. 마침 주일이라서 인근 교회에 들러 예배를 드린 후에, 라오산 삼림 공원으로 출발했다.

산허자이는 라오산 삼림 공원 스팡 당대 예술구(Art District)에 있다. 판용후이의 차를 타고 산을 오르듯 산허자이를 찾아가면서, 만일 현지인의 도움이 없었다면 나와 딸아이 둘이서 오기 힘들었을 여행 코스라는 생각에 판용후이에게 다시 한 번 고마운 마음을 전했다. 산허자이는 스팡 당대 예술구에서도 언덕 꼭대기 양지 바른 곳에 위치해 있었다. 언덕 아래로는 부처의 손을 닮았다는 불수호가 잔잔하다.

01 '불수호'에서 올려다본 산허자이의 원경. '合(합)'자를 연상시키는 형상에 구조물을 덧붙이고 가벽으로 마무리했다. 산수 속에 파묻힌 모습이 자연스럽다. 호수 위에서 올라오는 아침 안개가 신비감을 더한다.

산허자이는 세 면은 폐쇄되고 한 면은 개방된 'ㄷ'형 구조의 가옥이다. 공간적으로 내적 결집과 폐쇄성을 지닌다. 형태적으로는 건축물과 공간이 연관성을 유지하고 있다. 이러한 연관성은 건물 자체가 지니고 있기도 하지만 건물과 도시와의 맥락 속에 체현되며, 설계자의 '중국 가옥' 모델에 대한 구체적인 시도라 하겠다.

스팡 당대 예술구는 산과 호수를 끼고 조성되었는데, 2003년 13개 국가에서 온 24명의 유명 건축가들이 각각 한 작품씩 전시하고 있다. 2003년 왕슈가 다른 23명의 건축가들과 스팡 당대 예술구 설계 프로젝

01 산허자이의 곡선 지붕의 처마 끝, 평면으로 처리되어 철재 프레임의 별실 유리창과 맞닥뜨렸다. 서로 다른 세 종류의 재료와 공법으로 만들어진 산허자이. 곡선 지붕이 별실 유리창에 비쳐지면서 또 하나의 우아한 곡선을 연출하고 가로 세로로 길게 난 벽 구멍으로 꽉 찬 가벽과 만나 어우러진다.

트에 응했을 때 주최측에서는 현장에서 24군데를 선정했고 왕슈가 선택한 곳은 두 그루의 소태나무가 양팔로 껴안은 채 자라고 있는 곳이었다. 통상적으로 생각할 때 건축을 방해하는 소태나무를 베어 낼 수 있다. 그러나 왕슈는 그중 한 그루를 정원의 중심으로 설계했고, 다른 한 그루는 처마 위로 구멍을 내어 자유롭게 자라도록 했다. 그래서 지금도 한 그루는 산허자이의 남쪽 면 중앙부에서 지붕을 뚫고 있고, 다른 한 그루는 산허자이 안쪽 뜰에 우뚝 솟아 있다.

쑤저우에서 생산하여 수마로 서슬이 깎이고 씻긴 벽돌과, 절단과

02 1층에서 2층 침실로 바로 이어지는 동선. 침실에서는 우아하면서도 청초한 기품의 산허자이 원호 지붕을 마음껏 감상할 수 있다. 전통적 자재와 방식으로 지어진 중국 남방식 가옥이면서 모던하고 샤프한 분위기이다.

01 산허자이의 전경

2부 두 번째 여행을 떠나며

01 거실 겸 식당으로 구획 지은 공간이 우아하고 아름다운 산허자이 곡선 지붕의 한 면을 꿋꿋하게 이고 있다. 지붕 면적과 벽체 면적의 완벽한 조화가 돋보인다. 식당 앞 널찍한 마루, 동서로 긴 형태의 중정, 채광과 통풍에 유리하도록 한 쪽 벽을 탁 트는 등 무더운 여름을 이길 수 있는 남방의 가옥 구조가 한눈에 들어온다.

01 전반적으로 잠자는 듯한 분위기를 연출하고 있는 산허자이 내부의 모습. 중앙연못을 낀 'ㄷ'자형 구성의 중국 강남의 민가를 연출했다.

01

02

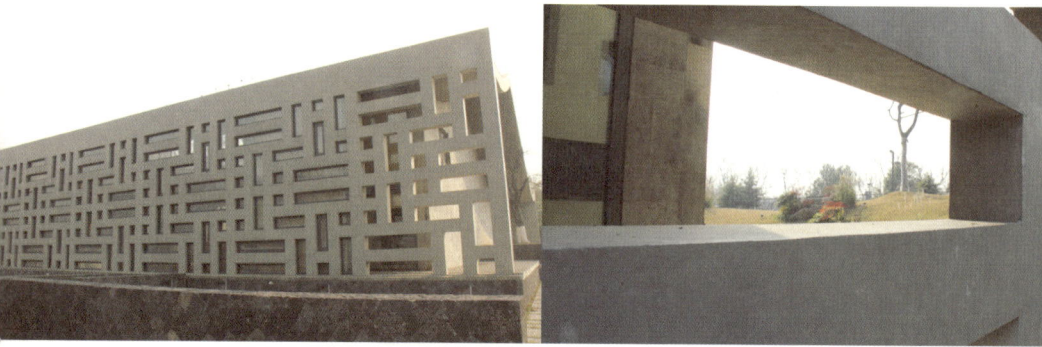

01 산허자이의 왼쪽 면 가벽. 현대적이고 도회적인 느낌을 준다. 가벽 틈으로 보이는 산허자이의 보일 듯 말 듯한 이미지.

02 콘크리트 가벽 구멍으로 바라본 외부세계. 또 하나의 작고 아름다운 세계가 펼쳐진다.

03-04 내화벽돌로 마감한 외벽 디테일(좌)과 나무문의 디테일(우).

05 현대적 감각의 가벽과 중국 특색의 지붕 처마, 벽면, 뜰에 핀 풀꽃의 절묘한 조화 그 인상은 차분함과 깔끔함이다.

05

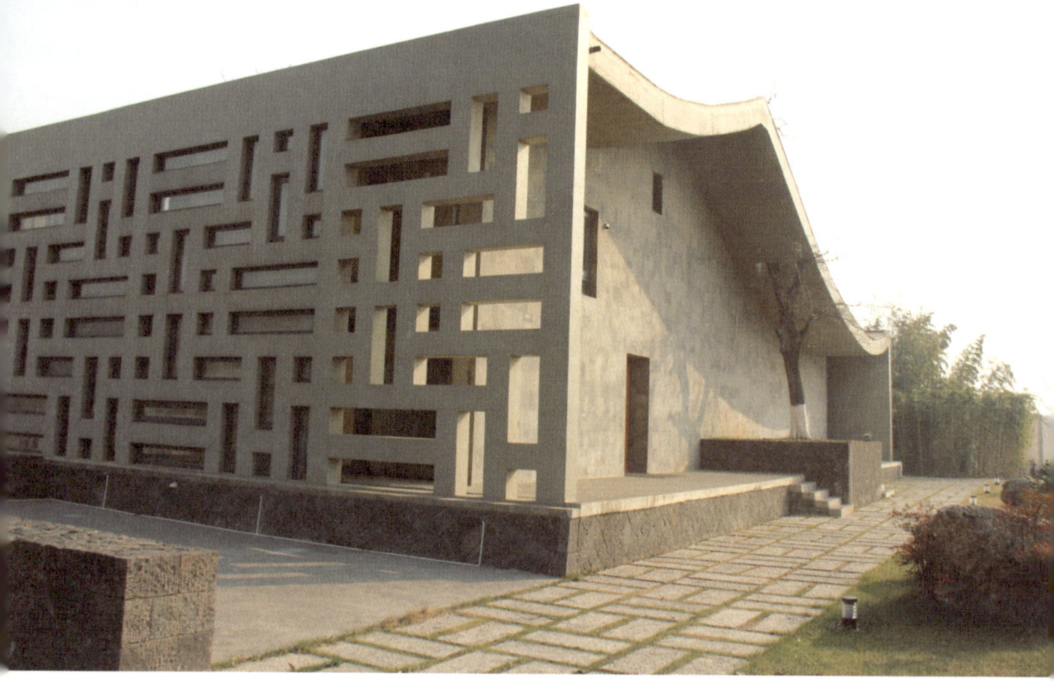

03　04

운색을 거친 크고 푸른 벽돌로 벽면을 마감함으로써 전통적인 멋을 주었다. 얼핏 보면 굴절형 지붕의 닝보 오산방 중 갤러리의 이미지를 지녔지만, 올록볼록한 폐벽돌이 아닌 반질반질한 벽돌로 마감하였다는 큰 차이점이 있다. 폐기와도 폐벽돌도 찾아볼 수 없이 건물 자체가 그저 매끈하고 단단해 보인다. 대나무 발이 드리운 창문과 나무문이 정면에 포인트를 주고 있고, 왼쪽으로 살짝 드러난 가벽이 세련된 맛을 더한다.

　돌과 나무는 원래 하나의 가족이듯, 나무문과 청벽돌의 색상이 의외로 참 잘 어울린다. 매끈한 청벽돌 벽면 앞 화단에는 소태나무 한 그루가 어엿하다. 지붕 때문에 나무를 베어 낸 것이 아니고, 나무 때문에 지붕을 뚫은 것이다. 건물을 짓는 데 품이 좀 더 들어가더라도 자연을 보살피는 것 또한 예술인의 본분임을 말없이 시사하고 있다.

　프리츠커상 심사위원은 왕슈의 작품이 쉽지 않은 일을 해내어 대견스럽다고 한다. 건축의 외관이 장중함과 위엄을 잃지 않으면서도 완전

01 대나무 난간의 왕슈 작품의 패턴이 눈에 띈다.
02 산허자이 2층으로 올라가는 실내 계단. 대나무로 되어 있고 가벽을 끼고 있다. 오후 3시부터 개방이라서 아쉽게도 우리는 감상의 기회를 얻지 못했다.
03 오각형의 공간 속에서 자연, 건물, 사람이 아우러진 또 하나의 세계를 본다.
04 산허자이 내부 주방의 모습.   **05** 산허자이의 전경.

무결하게 운행하며, 생활 중 휴식과 일상 활동을 위한 편안한 환경을 창조해 냈다는 것이다. 건축계 전문가가 말하는 산허자이에 대한 평가는 "잠들었다"이다. 집과 이 집에 머무는 자가 함께 꿈속을 헤매게 된다는 것이다.

세 면은 막히고 한 면은 트인 건물의 공간 형태가 사람의 몸을 느리고 침착하면서도, 덜컹거리며 끊임없이 이동하게 한다. 중앙에 야트막한 못이 있어 물결과 사람과 집이 서로 맴돈다. 따뜻한 눈빛으로 주변 세계의 흐름과 생장을 본다. 안뜰에 있으면 어느 방향으로 보든지 각기 다른 풍경과 세계가 보인다.

동남대학교 건축학원 거밍 교수는 다음과 같이 말한다.

"당대 건축이기는 하나 왕슈는 중국적인 요소를 교묘하게 융합시켰다. 가장 큰 특징은 산허자이의 우아하고 아름다운 원호 지붕이다. 중국 전통의 큰 지붕이 어떻게 현대적일 수 있는지, 왕슈는 대담한 시도를 했다. 만일 일반적인 설계라면 이 큰 지붕은 얼핏 사당처럼 보이기

01 대나무 숲을 낀 진입통로의 모습. 02 산허자이 서북쪽으로 향한 건축적인 산책로. 양지 바른 바깥 풍경을 흠뻑 즐기는데 미궁처럼 펼쳐진 칙칙하고 으스스한 담길과 맞닥뜨린다. 묘한 기분마저 들게 하는 이 산책로를 용감하게 내려가 보는 어린 저자의 모습이 보인다. 돌아와서 하는 소감인 즉 "아! 낭만적이다."
03 진입구를 향하여 찍은 모습. 한 그루의 소태나무가 마치 건물의 주인인 양 자리 잡고 진입구를 지켜보고 있다. 진입구 앞 대나무 숲도 건물의 일부분이 되어 있다.

쉬울 텐데, 왕슈는 민첩하게 산허자이의 옆면을 산 아래로 향하게 해서 지붕의 곡선이 산세의 기복을 따라 자연과 아우러지도록 했다. 지붕이 매우 아름답기 때문에 왕슈는 지붕을 감상할 수 있는 두 곳을 설계했다. 산 기슭에서 볼 수 있고, 2층의 침실에서도 볼 수 있다. 전통적인 요소를 운용하여, 환경과 서로 적응시키고, 고전적 아름다움을 체현했다."

03

산허자이에서 현지의 소감

    라오산 삼림 공원에서 많은 건축물들을 보았다. 정말 이런 곳에서 살고 싶다는 생각이 들었다. 특히 산허자이가 그랬다. 산허자이는 공원 맨 꼭대기에 있어서 가장 마지막에야 볼 수 있었다. 음악 프로에서도 보면 가장 인기 많고, 시청자들이 가장 기다리는 마지막 무대를 장식하는 가수가 있듯이 산허자이가 바로 그런 느낌이 드는 작품이었다. 정말 많은 기대를 품었다. 산허자이는 다른 라오산 삼림 공원 건축물과는 다른 느낌으로 나에게 다가왔다. 모두 개성이 강하고 특이한 건축물들이었지만, 나무가 계속 자랄 수 있도록 화단을 만들어 줄 뿐만 아니라, 지붕에 구멍까지 뚫어 준 설계자의 자연보호 정신이 인상적이다.

특히 산허자이 가벽의 직사각형 구멍이 아주 독특했다. 왼쪽으로 난 거무칙칙한 계단을 쭉 타고 내려갔을 때, 멜로드라마에 나오는 남자 주인공과 여자 주인공의 달콤한 키스신을 연상하게 할 만큼 낭만적인 공간이 등장했다.

아쉬운 점은 실내 구경을 마음대로 못한 것이다. 오후 3시에야 실내 개방을 한다고 하나, 우리가 도착한 시간은 너무 이른 오전 시간이었다. 기회가 된다면 나중에 다시 와서 실내 구경을 제대로 해 보고 싶다.

왕슈의 학창시절 자취를 찾아서 화차오 빌딩(1985-1987)

화차오 빌딩은 왕슈가 현재의 동남대학교의 전신인 난징공학원 건축학과에 재학 중일 때 설계하여, 1985년에 착공, 2년만인 1987년에 완공되었다. 화차오 빌딩에 대한 자료를 검색하다가 그의 대학시절인 듯한 이미지를 발견했는데, 그는 덥수룩한 장발, 목이 거의 느껴지지 않을 정도로 비대한 덩치에 붉은 티셔츠를 걸치고 있었다. 대학시절 그는 고집스러우며 교수들의 말조차도 잘 먹히지 않으며 동료들 사이에서 '미치광이'라는 별명으로 통했다고 한다. 그런 그가 불과 25년 후 프리츠커 수상자의 영예를 차지하게 될 것이라고는 당시 그 누구도 상상치 못했으리라.

비록 〈왕슈 건축지도〉에도 소개되지 않은, 축에 끼지 못하는 작품이지만 그의 작품 목록 중의 첫 줄을 장식하는 처녀작인 화차오 빌딩을 찾아가 보는 것도 의미가 있겠다.

01 앞부분은 리모델링. 뒤의 아파트가 1985년에 시공하여 1987년에 완공된 난징 화차오 빌딩인 듯하다. 현재는 '장쑤 화차오' 빌딩으로 건물명이 바뀌었다.

이제까지 보아 온 왕슈의 작품들 중에 고층 건물이라고는 전강시대 아파트 정도라서, 화차오 빌딩의 생김새가 무척 궁금해지고 기대도 되었다. 인터넷 상으로도 대강의 이미지만 있을 뿐 전경을 볼 수 있는 자료도, 관련 논문도 전무하다. 지난 항저우 여행 때 쌍산 캠퍼스에서 만난 그의 제자 더우옌 양에게 문자를 보내 관련 논문을 부탁했더니 없다고 일축한다. 그만큼 난징 화차오 빌딩은 무명의 건축학과 학생의 작품이고, 왕슈는 불과 몇 년 전만 해도 무명의 젊은 건축가 중의 하나였던 것이다.

난징시 구러우구(區)에 위치한 화차오 빌딩에 내비게이션의 안내를 받아 도착했다. 안내 데스크에 있는 직원에게 물으니, 화차오 빌딩은 1990년도에 지어졌다고 하는데 아마 화차오 빌딩이 리모델링 되었음을 의미하는 것 같다. 화차오 빌딩은 그 어느 자료를 봐도 왕슈의 난

01 02

징공학원 졸업시기인 1985년도에 착공해 1987년도에 완공되었다고 하니, 아마 1990년도에 현재의 모습으로 리모델링 된 듯하며, 안내 데스크의 직원도 그 시기쯤 채용되어 건물에 대한 자세한 정보를 모르는 듯해서 더 이상 말을 걸지 않았다.

앞서 보아 온 왕슈 작품들이 가지는 건물 패턴이 느껴지지 않는다. 왕슈가 주축이 되지 않은 건축 프로젝트의 한 구성원으로서 참여했을 수도 있겠다. 화차오 빌딩에 대한 감상은 그 정도로 마쳤다. 난징 화차오 빌딩에는 왕슈의 난징 학창시절 중에 남긴 흔적 정도의 의미를 부여하면 되겠다.

우리는 열차 타기 전까지 시간적인 여유도 좀 있고 해서, 왕슈가 학부와 석사를 마친 동남대학교를 찾아가 보기로 했다.

동남대학교 앞에 2008년 난징의 중요 근현대 건축물로 지정되었음을 알리는 표석이 있다. 장제스가 국민당 정부를 난징에 수립한 이후인 1928년에 삼강사범학당(1902년 건교)을 국립 중앙대학교로 개명하고

01 동남대학교 정문. 02 동남대학교 정문 앞 가로수길.
03 유럽풍의 건축대학 앞을 걸으며 왕슈의 대학시절을 상상해 본다.
04 동남대학교 로고.

확장하였다. 영국 디자이너들과 관쑹성, 양팅바오, 리쭝칸 등 중국의 저명한 건축가들이 서양의 고전적 건축 풍격을 모방하여 캠퍼스를 디자인했다.

중앙대학교는 1949년 난징공학원으로 개명한 이후, 1988년에 다시 동남대학교로 개명했다. 국민당이 집권했다면 동남대학교가 지금의 베이징대만큼이나 세계적인 명성의 대학으로 발전했을 것이다 지금도 건축학 방면으로는 중국 최고 대학의 위치를 차지하며 장쑤성 소재 대학 중에서, 우리나라 대학수학능력평가에 해당하는 '까오카오' 커트라인이 제일 높다고 한다.

동남대학교 캠퍼스를 거니는 내내 어디를 봐도 유럽풍인 동남대학교 캠퍼스에서 왕슈가 어떻게 건축을 공부하고 중국의 지역적 특색을 발전시킨 독특한 건축 철학과 건물 패턴을 지닌 건축가로 성장할 수 있었을까? 그의 대학시절이 사뭇 궁금해졌다.

중국의 한 언론사 기자의 글을 빌리면, 왕슈는 대학시절 소문난

'미치광이(狂人)'였다고 한다. 대학교 2년 재학 중에 이미 공개적으로, 자기를 가르칠 자가 그 어느 누구도 없다고 선언하기에 이르렀다. 부모의 영향으로 공예와 문학에 관심이 많았던 왕슈는 예술가가 되고자 했지만, 부모의 설득으로 이공계에 진학하게 된다. 그리고 이공계 학과 중에서 예술적 성향이 짙은 건축학을 선택하게 된다. 당시 교수진들이 가르치는 내용에는 한계가 있었고, 바야흐로 새로운 예술적 사조에 영향을 받던 시기였다.

학생들은 기회가 닿는 대로 방법을 동원해 자습을 했고, 왕슈가 속해 있던 반을 농담으로 일컫기를 '대사반(大師班)'이라고 했다. 평소 제출하는 과제도 합격하지 못하는 학생조차 '대사 배자(胚子)'라고 일컬으며, 교수를 좇아가 왜 불합격시켰냐며 변론했다. 너무 광적이었기에 만장일치 통과의 논문 심사결과에도 학위를 받지 못했다.

석사 과정에 있을 때는 일명 '풍운아'로 통했다. 1987년에는 〈당대 중국 건축학의 위기〉라는 제목으로 논문을 써서 중국 건축계의 상황을 전면적으로 비판했다. 건축계의 각계 대가부터 시작해서 자신의 지도교수인 치캉까지 비판했다. 왕슈에 관해 가장 널리 퍼져 있는 에피소드는 석사 학위 논문 발표 때의 '하나 반 이론'이다.

"중국에 진정한 건축가는 단 한 명뿐이다. 바로 나다. 그러면 네 지도교수는 무엇인가? 그럼 모두 해서 하나 반인 셈이다. 반은 지도교수, 하나는 나이다."

동남대학교 건축학과 학생들 거의 모두가 이 일화를 안다. 듣기로는 왕슈가 논문을 심사 받을 때 이런 말을 해서 현장에 있던 교수들이 다 기가 차 죽을 뻔했다고 한다. 그러나 왕슈의 지도교수이면서 건축계의 대사인 치캉은 "왕수가 말한 '중국 건축계에는 하나 반의 건축가만 있다'는 말은 양팅바오가 그 하나, 치 교수가 반이다."라고 말했다. 그러나 그의 광기 어린 말은 모든 논문심사위원으로부터 득죄하게 되었다.

왕수는 광언을 할 뿐만 아니라 정말 고집스럽기까지 했다. 그의 졸업 논문 〈사옥수기〉에서 동남대학교 건축학과뿐만 아니라 중국의 모든 건축계의 상황을 반영했다. 어떤 이는 만약 왕수가 논문의 내용을 수정하지 않으면 학위를 받을 수 없을 거라고도 했다. 하지만 왕수는 단 한 글자도 고치지 않았다. 결과적으로 졸업논문 심사에서는 만장일치 통과를 했을지라도 그에게 최종적으로 학위를 수여하지 않았다. 논문심사위원회의 의견인 즉 왕수가 미쳐도 단단히 미쳤다는 것이다.

왕수의 아내인 루원위는 동남대학교 석사 과정 중 알게 된 왕수의 첫사랑이다. 외양으로 볼 때 두 사람이 함께 걷는 모습은 한마디로 완전 '불가사의'하다. 왕수는 반항적이고 거칠고 투박한 전형적인 북방 남자인 반면, 루원위는 조용하고 차분하며 섬세하고 유약한 전형적인 남방 여인의 모습이기 때문이다. 당시 많은 사람들은 왕수가 중이 될 운명이라고 생각했는데, 뛰는 놈 위에 나는 놈 있다고 결과적으로 교수로부터 미운 털 고운 털 다 박힌 왕수가 루원위한테 점령 당했다. 20살을 훌쩍 넘긴 감정 세계가 여전히 혼돈 중인 상태로 열리지 않았는데, 커다란 눈에 짙은 눈썹의 루원위가 왕수의 시야에 들어간다. 그의 연정이 비로소 움직인다. 왕수는 말했다.

"이토록 작고 마른 여인은 당연히 누군가 보호해 줘야 하고, 가장 적당한 사람이 선택해야 하는데, 그 사람이 바로 나다(저자 번역)."

닝보 박물관에서 현지의 소감

　　왕슈의 학창시절 별명이 '미치광이'였다는 사실이 의외이다. 그의 건축물을 보면, 자연을 사랑하고 환경을 사랑하고 중국을 사랑하는 면모가 많이 보여서, 모범생 정도는 아니더라도 '창의적인 발상이 두드러지며 맡은 일에 충실하고 친절한 학생이었다' 정도의 평판은 될 줄 알았는데 말이다. 그런데 유명 예술가 중에는 한때 미치광이 소리를 들은 사람들이 많다고 한다. 20세기 최고의 예술가 피카소는 틀에 박힌 미술 감상법에 미치광이처럼 분노를 나타냈고, 괴팍한 성격의 소유자로 소문이 났다. 미치광이라 불렸지만 죽었을 때 남긴 작품은 거의 50,000점 정도로 천재적인 예술가이다. 현대 미술가 잭슨 폴록은 고등학교 시절 두 번이나 퇴학을 당했고, 어느 누구의 간섭도 거부하는 고집쟁이였다. 또 툭하면 동네 술집에서 난동을 부려 경찰이 출동한 것도 한두 번이 아니었다. 동네 사람들은 그를 미치광이 예술가라고 불렀다. 반면에 현대 건축의 거장, 안토니 가우디는 경이로운 건축을 했을 뿐만 아니라, 신앙심이 깊고 모범적인 삶을 살다 갔다. 바르셀로나 건축학교를 졸업할 때, 그의 아이디어가 너무 독창적인 데 대해, 이 졸업장을 천재한테 주는 건지, 미치광이한테 주는 건지 모르겠다는 농담을 교수들이 했다는데, 다른 미치광이 예술가의 의미와는 구별된다.

'미친다'는 것은 뭐 한 가지에 몰입한다는 것, 자신이 옳다고 생각하는 것에 대해 누가 뭐라 해도 흔들리지 않는다는 것을 의미한다. 단단히 몰입하고 흔들리지 않으면 뭔가를 이뤄 내는 법인 것 같다. 돌아오는 방학에는, 독서에 미치고 싶다. 감성을 아우르는 작품들을 많이 읽고 싶다.

EPILOGUE | 건축의 과정을 닮은 출판, 그 과정 속에서
"공간은 역사를 담고 있다"

탈고를 마치고 출판 작업에 들어간 지, 어느덧 두 달이라는 시간이 훌쩍 지나갔다. 〈왕슈 건축을 만나다〉를 출간하면서, 출판 또한 건축의 과정을 닮았다는 생각을 하게 된다. 필자들의 여행으로 얻은 이미지와 감상, 작품 관련 자료 등이 '건축 재료'라고 한다면, 책과나무 양옥매 실장의 '기획'과 '감독', 조준경 편집자와 최수민 디자이너의 '현장 수고'와 '협동 작업'으로 〈왕슈 건축을 만나다〉라는 만질 수 있고, 느낄 수 있는 '형상'이 비로소 만들어진 것이다.

이렇게 우리 삶에서 일어나는 소소한 일까지도 건축의 과정을 닮았으니, 가히 인생을 건축이라고 말할 수 있지 않을까! "공간은 역사를 담고 있다"고 한 왕슈의 말대로 〈왕슈 건축을 만나다〉라는 공간은 모녀의 추억 쌓기의 역사, 모녀가 협동하여 작업한 과정을 고스란히 담고 있는 건축 에세이이다.

필자들이 베이징에 있었기 때문에 파일의 전송, 교정과 편집, 디자인 등 일련의 출판 관련 작업이 서로에 대한 믿음과 신뢰만을 기초로 진행될 수밖에 없었고, 뭐든 직접 보고 확인해야 안심이 되는 필자의 성격 때문에 근심과 조바심이 난 적도 있었지만, 예상보다도 작업이 순조롭고 만족

스럽게 끝났다. 모든 것이 필자의 뜻을 헤아려 줄 수 있는 유연함과 노련함으로 작업해 준 도서출판 책과나무 임직원들 덕분이다.

조준경 편집자는 필자가 제 기분에 취해 글을 쓰다가 범하는 비문과 무의식중의 오타를 정확하게 발견하고 꼼꼼하게 교정해 주었다. 남의 글을 교정한다는 것이 얼마나 수고롭고 골치 아픈 일인지에 대해서는 경험이 적지 않은 필자이기에 그 수고로움과 희생의 무게까지 잘 느껴져, 참으로 송구스런 마음과 감사의 마음을 금할 길이 없다. 그래도 나타날 오자에 대한 책임은 모두 필자 탓이다.

최수민 디자이너는 디자인의 연금술사 같다. 두 필자가 여행 중 카메라를 주거니 받거니 하며 어설프게 찍은 이미지들도 그녀의 손길을 타면서 적절한 크기와 자리에 배치되어 빛을 냈고, 적절한 바탕의 연출과 깔끔한 일러스트의 삽입은 본래 삭막했던 탈고 이미지를 따뜻하고 친근한 모습의 에세이로 변신시켰다. 애초부터 책과나무에 원고를 맡긴 것에 대한 일말의 후회도 남지 않는다.

개나리와 철쭉, 목련…… 봄꽃들의 꽃망울이 여기저기서 터지고 금싸라기 같은 햇살이 쏟아지는 봄의 향연이 한창인 가운데, 모녀 건축테마 여행기가 〈왕슈 건축을 만나다〉라는 이름으로 세상에 빛을 보게 되었다. 기쁘고 뿌듯하다. 도서출판 책과나무 양옥매 실장과 조준경 편집자, 최수민 디자이너에게 이 공간을 빌어 다시 한 번 감사의 인사를 전하는 바이다.

2014년 봄 대표 저자 최인숙

EPILOGUE 2   통일 건축가를 꿈꾸는 현지의 편지

"북한의 자연과
잘 어우러진 집을 짓는 꿈을 꾸며"

연성이에게

　베이징 팡차오디 초등학교에 다닐 때 처음 만난 너. 담임 선생님께서는 같은 한국인이라며 친하게 지내보라고 하셨지. 사실 네 이름이 잘 기억나지는 않아. 내가 기억하는 건 네 이름에 '별 성(星)'자가 들어간다는 것뿐이야. 그래서 네가 그리울 때마다 그냥 너를 연성이라고 부르려고……. 그만큼 우리는 친하지 않았고, 나도 내성적인 성격 때문에 선뜻 다가가지 못했던 것 같아. 하지만 사실 성격 탓이 전부는 아니야. 너는 솔직히 한국 사투리라고 하기에는 뭔가 다른 이상한 말투를 사용했고, 옷 입는 스타일도 한국아이 같지 않았어. 그래서 처음엔 이질감도 느꼈고, 더 이상 다가가지 못했지.

　그날 저녁, 아빠한테 '내레이'라고 말하는 한국 아이 하나가 전학 왔다고 하니까, 아마 북한 외교관 자녀일 거라고 하시더라. 그때부터 연성이 너의 모든 언행이 다 이해됐지만, 그래도 너한테서 느껴지는 이질감은 여전했던 것 같아. 가끔 혼자 외롭게 있을 때면, 다가가고 싶고 같이 놀고 싶었어. 하지만 미처 말을 걸 용기가 없었던 것 같아, 미안해.

　그러던 어느 날, 드디어 우리는 하나라는 것을 발견한 날이 찾아왔지. 바로 학예회 때 한복을 입고 '아리랑' 춤을 추던 날이야. 종아리까지 올라오는 깡통치마 같은 너희의 한복을 보고 나는 입안으로 웃음을 삼키면서도, 우리는 하나임이 그렇게 기쁘고 감동적일 수가 없었단다. 그러나 그것도 잠시뿐, 한국국제학교로 전학 오게 된 이후로 네 소식을 전혀 듣지 못하게 됐다.

내가 사는 동네 슈퍼마켓에는 '해당화 김치'라는 북한산 김치가 있어. 나는 해당화 김치의 달달한 맛을 좋아해. 그래서 엄마가 가끔 식탁에 올리실 때가 있었는데, 그걸 먹을 때마다 네 생각이 나기도 했어. 하지만, 요즘엔 그 김치마저도 안 보여서 너를 점점 더 잊어 가는 것 같아. 그때 조금 더 다가가지 못한 걸 후회하고 있어.

연성아! 시간이 흐르고 우리는 이제 진로를 결정해야 할 나이가 되었네. 연성아! 너는 꿈이 뭐니? 나는 건축가가 될 거야. 팡차오디 다닐 때 고개 숙이고 그림만 그리던 내가, 중학생이 되면서 나도 모르는 새 조금씩 성격이 변하기 시작했어. 중국어 연극, 영어 연극, 축제와 피아노 연주회 등등 꾸준히 나가면서 예전보다 여러 방면에 도전하게 되었고, 조금 더 적극적으로 변했고 활발해졌어.

그리고 무엇보다도 종합예술인 건축학에도 많은 관심이 생겼어. 처음엔 미술 교생 선생님과 엄마의 권유로 건축가 비전을 갖게 됐지만, 이제는 그것보다도 정말 내가 진심으로 하고 싶고 꿈이 한 층 더 확고해진 것 같아. 길 가다가 독특하게 생긴 건축물이 보이면 자꾸 보게 되고, 그 모습을 사진에도 담게 되었지.

　그래서 최근에는 엄마랑 건축물 탐방여행도 떠났었다! 우리가 탐방한 건축물은 왕슈라는 사람이 지은 건데, 왕슈는 바로 건축계의 노벨상이라고 불리는 프리츠커상을 받은 사람이야. 엄마랑 왕슈 건축 테마 여행 때 들른 작품 중에는 닝보 미술관도 있었는데, 거기서 6·25한국 전쟁 그림을 보게 되었어. 중국의 오성홍기가 배경을 이루고, 한 아주머니가 갓난아이를 등에 업고 피난을 하는데, 뒤에는 'USA'가 적힌 탱크가 위협하고 있는 그림이었어. 가슴이 아팠어. 그리고 네 생각이 났어. 더욱 통일을 생각하게 되더구나. 앞으로 걸릴 새로운 그림, 통일 한반도를 주제로 한 그림을 상상해 보게 되었어.

　나는 왕슈가 중국 이미지를 형상화한 작품으로 프리츠커상을 받은 것처럼, 한국 이미지를 실은 건축물을 지어서 우리나라를 전 세계에 알리고 싶어. 만약 통일이 된다면, 건축가가 될 내가 활약할 수 있는 공간, 디자인할 수 있는 공간이 넓어지고 가능성이 더욱 커진다는 생각에, 더욱 통일이 간절하다.

　우리나라는 지금 여러모로 구체적으로 통일시대를 준비하고 있어. 건설 산업 차원에서도 통일시대 비전을 제시하고 있지. 건축학회에서는 '급변하는 통일시대의 북한 주택 대량공급 방안'이라는 주제로 세미나를 연대. 그리고 북한의 주택문제를 살펴보고, 통일시대에 우리가 직면하게 될 주거문제에 대한 해소 방안을 제시한대. 비록 가 보지는 못하지만, 통일시대를 구체적으로 준비하는 움직임들이 나는 좋고 기대가 된다. 그리고 나도 때가 되면 그런 움직임에 적극적으로 합류할 거야. 통일 건축가가 되는 나의 원대한 꿈을 이루기 위해서라도 말이야.

    연성아! 이 책은 바로 엄마와의 왕슈 건축 테마 여행 때 본 건물들에 대한 감상과 이미지들을 정리한 책이야. 내가 느낀 감상은 특별히 '현지의 소감'으로 따로 분류했는데, 그 아래 삽입된 원화들은 내가 팡차오디에 다닐 때 그린 그림들이지. 그 그림들을 보면 팡차오디에 다녔던 것이 생각나고, 팡차오디를 생각하면 나도 모르게 네가 그리워진단다.

    연성아! 통일이 된다면 우리가 만나는 것은 그리 어려운 일이 아니겠지? 그 어린 시절, 수줍어서 말도 못하고 고개를 숙이고 그림만 그리던 내가 이렇게 통일 건축가가 되었다고 당당하게 말하고 싶구나. 북한에는 아직 개발이 안 된 산들이 많다며? 통일이 된 후에 내가 그 산과 물을 배경 삼아 자연과 잘 어우러진 집을 짓고 싶어. 그게 너의 신혼집이 된다면 더욱 좋겠고. 우리 한번 기대를 해 보자꾸나! 그럼, 그날을 기다리며…… 안녕!

2014년 봄 통일 건축가를 꿈꾸며 현지가